박일선 · 임동균 지음

4차 산업혁명 시대의
인터넷 활용

저자 소개

박일선

isparkbobae@gmail.com

한양사이버대학교 컴퓨터공학과 교수

임동균

eiger07@hycu.ac.kr

한양사이버대학교 컴퓨터공학과 교수

4차 산업혁명 시대의 **인터넷 활용**

발행일	2020년 3월 2일 초판 1쇄
	2021년 1월 22일 2쇄
지은이	박일선, 임동균
펴낸이	김준호
펴낸곳	한티미디어 | 서울시 마포구 동교로 23길 67 3층
등 록	제15-571호 2006년 5월 15일
전 화	02)332-7993~4 | **팩 스** 02)332-7995
ISBN	978-89-6421-394-0 (93000)
가 격	25,000원
마케팅	노호근 박재인 최상욱 김원국
편 집	김은수 유채원
관 리	김지영 문지희
본 문	신설희
표 지	유채원

이 책에 대한 의견이나 잘못된 내용에 대한 수정 정보는 한티미디어 홈페이지나 이메일로 알려주십시오.

독자님의 의견을 충분히 반영하도록 늘 노력하겠습니다.

홈페이지 www.hanteemedia.co.kr \| **이메일** hantee@hanteemedia.co.kr

머리글

공기와 같은 인터넷의 존재는 그 이상을 넘어 우리의 미래를 리드하는 기술이 되었다.

무선통신의 발달과 센서의 발달에 힘입어 사물인터넷이 활발해지고 빅데이터를 산업에 적용시켜 다양한 종류의 서비스, 맞춤화된 서비스가 생겨나기 시작했다.

구글의 딥마인드가 개발한 인공지능 알파고와 이세돌구단의 격돌을 시작으로 분산처리 시스템과 병렬처리시스템의 서막이 올라가고 각계에서 인공지능 기술 개발에 앞다투어 매진하고 있다.

스마트폰의 대중화와 5G 기술 융합은 세계인의 1인 생활화, 1인 마케팅, 1인 크리에이티브 등 1인 기업을 촉진시키는 원동력이 되었다.

드론 촬영, 드론 택배, 원격 진료에 이어 자율주행 자동차의 상용화를 눈앞에 두고 있고 블록체인의 도입으로 탈중앙 자율 경제 및 거버넌스 시스템의 공공 분야의 도입이 활성화되고 있다.

우리가 살고 있는 4차 산업혁명 시대는 너무나 빠르게 발달하고 있지만 이러한 격동의 기술들에 대비하지 않으면 현재뿐만 아니라 미래에는 더 많은 리스크를 안고 살아야 한다. 준비되지 않은 채 이러한 기술들을 감내하기에는 너무나 부족한 점이 많다.

이러한 격동의 기술들을 배우고 몸으로 체험하고 생활화시키는 것이 4차 산업혁명 시대를 살아가고 있는 현대인으로서의 기본 소양이라 하겠다.

본 교재는 대학교 기초 교양으로 인터넷의 시작에서부터 4차 산업혁명의 핵심 기술에 대해 학습할 수 있도록 구성하였고 배운 부분을 다시 학습할 수 있도록 각 장마다 학습평가문제를 구성하였다.

2020

저자

차례

CHAPTER 04 인터넷 익스플로러 이해와 활용

CHAPTER **05** SNS와 인터넷 콘텐츠

CHAPTER **06** 인터넷과 비즈니스

CHAPTER 07   UCC와 유튜브

CHAPTER 10 인터넷 침해사고 유형 및 인터넷 인증기술

CHAPTER 11 　무선통신 기술과 클라우드 서비스 활용

CHAPTER 12 4차 산업혁명과 인터넷

CHAPTER **13**   웹오피스의 활용

CHAPTER **01**

인터넷이란 무엇인가?

학습목차

학습목표

- 인터넷의 정의와 역사에 대해 학습할 수 있다.
- 국내 인터넷 발전 현황에 대해서 살펴볼 수 있다.
- 인터넷 관련기구들의 역할에 대해 이해할 수 있다.

1. 인터넷의 개요

1) 인터넷의 정의

- 인터넷(Internet)의 용어는 INTERconnected NETwork의 합성어로 만들어졌다.
- 물리적인 의미
  - 인터넷이란 컴퓨터 간에 서로 정보를 교환할 수 있도록 네트워크와 네트워크가 상호 연결되어 있는 네트워크를 의미
  - TCP/IP를 프로토콜을 이용하여 연결된 모든 네트워크를 의미

2) 인터넷을 이용한 문명의 이기

- 전 세계 모든 항공사들의 스케줄을 실시간으로 검색하고 e-티켓을 이용하거나 스마트폰으로 저장하여 공항에서 바로 스캔하여 사용할 수 있다.
- 실시간으로 영화를 예매할 수 있고 전 세계의 뉴스를 집안에서 실시간으로 청취할 수 있다.
- 전자결제 시스템을 이용하여 현금 또는 신용카드 없이 스마트폰으로 결제한다.
- 최근 사물인터넷(IoT)으로 스마트 TV, 전기자동차, 웨어러블 디바이스, 핀테크 등 우리 주변에 있는 사물들이 인터넷에 연결되어 다양한 기능을 수행하기 시작했다.
- 최근 세계 선진국들의 인공지능 스타트업으로 인공지능 기술에 대한 투자가 활발히 진행되면서 인터넷 세상은 새로운 국면에 접어들었다.

2. 인터넷의 역사 및 발전 과정

1) 인류 혁명의 역사

인간 문명은 몇 번의 큰 혁명이나 사건을 거쳐서 발전을 해왔다.

- 신석기 혁명 – BC10세기경 메소포타미아에서 농기구를 사용하기 시작하면서 인류는 수렵, 채취 단계에서 **농경 목축 단계**로 진입하기 시작함

- 1차 산업혁명 – 18C 초에 영국에서 산업 혁명이 일어남
  그동안 수작업으로 했던 것을 증기를 이용한 기계를 사용하기 시작한 것으로 인류의 문명은 한 번 더 진화를 시작하여 **농업 사회**에서 **산업 사회**로 변화

- 2차 산업혁명 – 19C에 전기를 이용한 대량생산이 시작

- 3차 산업혁명 – 인터넷 혁명, 인터넷을 이용한 컴퓨터정보화 및 자동화 시스템이 시작됨
  - 애니악(ENIAC) – 최초의 컴퓨터
    1946년에 최초로 포탄 낙하를 계산하기 위해 군사용 컴퓨터로 설계됨
  - ARPAnet – 최초의 인터넷
    1960년대 미국 국방성(ARPA)에서 군사용 목적으로 인터넷을 연구하기 시작

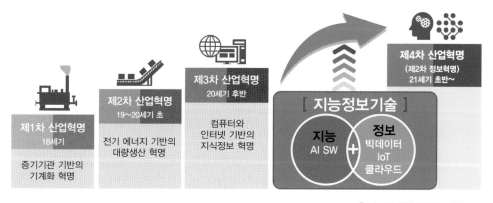

출처: 미래창조과학부 블로그

● 4차 산업혁명 – 로봇, 인공지능, 사물인터넷, 빅데이터 등의 발달로 사물을 네트워크를 통해 자동적, 지능적으로 제어하기 시작함

"제4차 산업혁명" 이란 용어는,
2016년 세계 경제 포럼(WEF: World Economic Forum)에서 언급된 것으로 기존 산업혁명에 비해 초연결, 초지능의 특징을 갖고 있다.

2) 최초의 인터넷 등장

▨ ARPAnet의 등장

● 인터넷의 시효
1969년에 미국 국방성(Department of Defense) 산하 ARPA(Advanced Research Projects Agency)의 주도하에 미 국방성의 중형 컴퓨터에 UCLA와 스탠포드 대학, UC 버클리 및 유타 대학 등의 컴퓨터가 연결됨으로써 ARPAnet이 구축되었다. 네트워크의 일부가 손상되더라도 다른 경로를 통해서 데이터를 전송할 수 있도록 하였고 이것이 인터넷의 시효가 되었다.

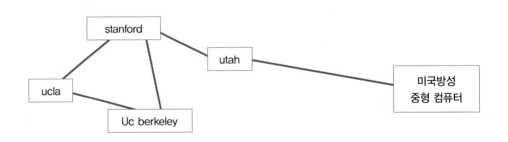

* 1960년대 인터넷 등장 이전의 군사 시설
인터넷이 등장하기 이전에는 회선 교환망 방식을 이용하였기 때문에 한 쪽의 군사 시설이 파괴되면 다른 쪽의 군사 시설에도 영향을 주었다. 그래서 각 군사 시설의 독립성을 유지하고 다른 군사 통신의 영향을 받지 않을 수 있는 통신 시스템이 필요하였다.

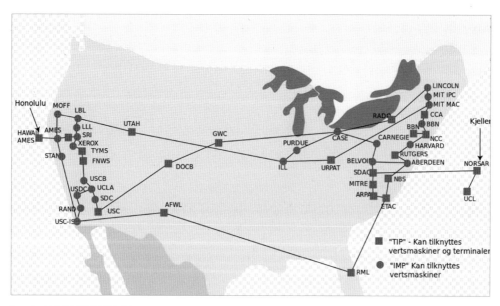

▌1974년 알파넷 네트워크   출처: Wikipedia

3) 인터넷 연결망의 변화

- ARPAnet – 미 국방성의 중형 컴퓨터에 몇 개의 대학들의 컴퓨터가 연결되었다.

- MILnet – 1980년대에 들어서면서 미 국방성은 ARPAnet에서 자신들의 통신망을 분리하여 군사망으로서 MILnet을 운영하였다.

- NSFnet – 1986년 미국 국립 과학 재단(NSF: National Science Foundation)이 정보 공유를 목적으로 설립하였다.
  각 재단에 속해 있는 대학과 도서관, 연구 기관 및 회사들의 슈퍼 컴퓨터 센터들을 연결하여 NSFnet 학술연구망으로 발전하여 각종 프로토콜, 응용들을 시험적으로 운용하였다.

- ANSnet – 1992년 미국의 비영리조직이 ANSnet을 발전시켰는데 이것이 미국 내 인터넷의 기간망(Back Bone)으로 활용되었다.

4) 인터넷의 상용화

인터넷은 발생 초기에는 일부 연구원이나 정부 기관들만을 위한 정보 교환의 도구로 사용되었다.

그러다가 1989년 월드 와이드 웹(World Wide Web) 서비스가 개발되기 시작하면서 일반인이 접근하기 쉬운 인터페이스와 다양한 인터넷 서비스의 제공으로 점점 대중에게 다가서게 되었다.

1994년 NSFnet 기간망이 사라지고 상용 기간망이 등장하면서 본격적으로 인터넷의 상용화가 시작되었다.

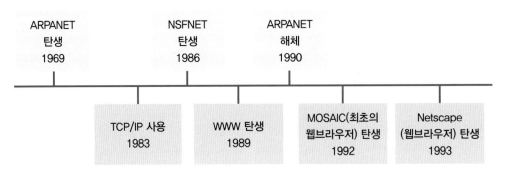

❙ 인터넷의 역사표

5) 인터넷의 발전 배경

인터넷은 컴퓨터의 발전 과정과 함께 거의 나란히 발전하였다.

퍼스널 컴퓨터의 발달에 이어 네트워크 기술의 발전으로 인터넷은 급속도로 성장하기 시작했다.

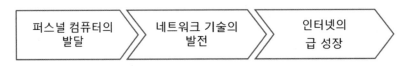

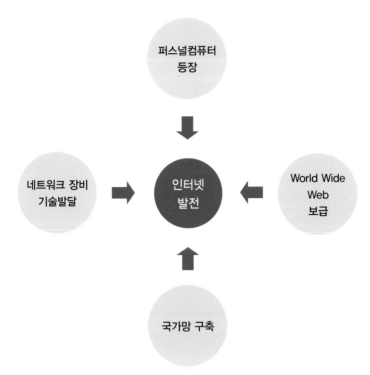

인터넷 발전 배경으로 퍼스널 컴퓨터의 등장, 국가망 구축 및 네트워크 장비 기술의 발달, 그리고 World Wide Web의 보급 등의 요인들을 살펴볼 수 있다.

(1) 퍼스널 컴퓨터의 등장

개발 초창기의 컴퓨터는 크기도 컸지만 전문적인 목적으로만 사용되다가 컴퓨터가 개발되고 마이크로 프로세서의 발달로 컴퓨터는 점점 작아지기 시작했다.

컴퓨터의 소형화 및 PC(Personal Computer)가 등장하기 시작
- → 일반인들도 쉽게 컴퓨터를 사용하게 되었다.
- → 개인 컴퓨터의 등장은 네트워크 장비의 발달과 함께 일반인들의 인터넷 사용을 가속화시켰다.

(2) 국가망 구축 및 네트워크 장비 기술의 발달

- 국가망 구축 – 지역에 국한된 네트워크를 전국적으로 묶는 국가망 구축이 이루어지면서 다양한 인터넷 서비스가 개발되기 시작하였다.

● 국가망을 이용하여 인터넷을 사용하는 일반 사용자들도 급증하기 시작하였다.

(3) 네트워크 장비 기술의 발달

● 네트워크 장비의 속도가 점점 빨라짐 – 64kbps 속도로 시작한 ISDN 서비스에서 100Mbps 이상의 속도로 이동 중에도 인터넷을 할 수 있는 초고속 인터넷 기술들이 속속 개발되고 있다.

(4) www(월드 와이드 웹)의 보급

무엇보다도 일반인들이 인터넷을 쉽게 이용할 수 있게 된 결정적인 계기는 바로 WWW(World Wide Web) 기술이다.

● WWW 서비스 사용 이전

인터넷을 사용하기 위해서는 전문 인터넷 관련 용어들을 익혀야 했기 때문에 인터넷은 전문 연구원들이나 일부 전문가들의 전유물이었다.

● WWW 서비스 사용 이후

Tim Berners-Lee가 1989년에 처음으로 'Web'이라는 시스템을 제안했다.

　→ 처음으로 Web(웹) 시스템에서 사용하는 웹 브라우저, 서버, 웹 페이지 개념을 사용

　→ 웹의 필수 기술인 URL, HTTP, HTML(Hyper Text Markup Language)을 사용

1992년 'GUI (Graphic User's Interface)' 방식을 이용한 최초의 웹 브라우저 모자이크(Mosaic)가 발표되기 시작하면서 인터넷이 대중화되기 시작하였다.

단순히 텍스트로만 사용하던 인터넷이 웹 브라우저를 통해서 다양한 멀티미디어의 형태 즉 소리, 이미지, 동영상의 형태로 정보를 제공하게 되었다.

▮ Web과 Internet의 차이

Wikipedia 정의에 의하면,

"**인터넷**은 TCP/IP 프로토콜을 사용하여 패킷 교환 방식에 의해 데이터를 교환하는 상호 연결된 컴퓨터 네트워크의 글로벌 시스템이다."

"**Web**은 URI(Uniform Resource Identifiers)에 의해 식별되는 자원이 있는 정보의 공간이다."로 기술되어 있다.

3. 국내 인터넷의 발전 현황

1) 한국의 인터넷 역사

- 1982년

  최초의 SDN(TCP/IP) 구축

  서울대학교 컴퓨터 공학과 중형 컴퓨터와 한국전자통신연구소의 중형 컴퓨터를 연결하면서 처음으로 인터넷을 시작하게 됨

- 1990년

  KAIST와 미국의 하와이 대학이 연결되면서 처음으로 해외와의 인터넷망이 연결됨

- 1994년

  처음으로 한국통신, 데이콤, 아이네트가 모여 인터넷 상용서비스를 시작

- 1996년

  ISDN(integrated services digital network) 인터넷 서비스가 개통

  국내 최초의 디지털 통신망을 이용한 음성, 문자, 영상 등의 통신 서비스

- 1997년

  초고속 국가망 인터넷 서비스를 시작

- 1998년

  두루넷에서 초고속 인터넷 상용 서비스를 개시

- 1999년

  하나로 통신에서 ADSL(Asymmetric Digital Subscriber Line, 비대칭 디지털 가입자 회선) 서비스를 개시

  인터넷 뱅킹 서비스 개시

- 2001년

  OECD 회원국 중 초고속망 구축 세계 1위를 차지

  IT 강대국으로 발돋움하기 시작

- 2005년

  인터넷 전화(VoIP) 시대 개막

- 2008년

  인터넷 전화에 이어 IPTV, 즉 인터넷 TV 시대를 열었다.

  하나의 인터넷 서비스 망에 가입하면 인터넷 전화와 TV를 동시에 사용 가능

- 2009년

  ICT 발전지수 세계 2위

  7.7 DDos 침해사고 발생

- 2011년

  ICT 발전지수 세계 1위

  LTE(Long Term Evolution) 상용 서비스

- 2014년

  IPv6 상용화

  Giga 인터넷 상용화

  모바일 지갑 '핀테크 시대' 도래 – 금융과 IT가 결합된 산업 및 서비스 시작

- 2015년

  '클라우드 컴퓨팅 발전 및 이용자 보호에 대한 법률' 제정

  ICT 발전지수 1위 복귀

  공공데이터 개방지수 OECD 1위 달성

  인터넷전문은행 – K뱅크, 카카오뱅크 선정

▌ 한국의 인터넷의 역사 요약표

1982	SDN (TCP/IP) 구축(서울대 – 한국전자기술연구소), 인터넷 최초 접속
1990	HANA 망과 미국의 하와이 대학과 연결
1994	상용 ISP 등장(한국통신, 데이콤, 아이네트) 인터넷 상용 서비스 개시(한국통신)
1996	ISDN 인터넷 서비스 개시
1997	초고속 국가망 인터넷 서비스 시작
1998	초고속 인터넷 상용 서비스 개시(두루넷)
1999	ADSL 서비스 개시(하나로 통신) 인터넷 뱅킹 서비스 개시 인터넷 이용자 수 1,000만 명 돌파
2001	초고속망 구축 세계 1위(OECD)
2002	초고속 인터넷 보급 세계 1위
2005	인터넷전화(VoIP) 상용 서비스 개시
2008	IPTV 상용 서비스 개시
2011	ICT 발전지수 세계 1위 LTE 상용 서비스 시작
2014	IPv6 상용화 Giga 인터넷 상용화
2015	'클라우드 컴퓨팅 발전 및 이용자 보호에 대한 법률' 제정 ICT 발전지수 1위 복귀 인터넷전문은행 – K뱅크, 카카오뱅크 선정

2) ICT 발전지수 현황

▐ 정의

인터넷의 발전 현황을 알아보기 위한 수단 중의 하나로 국제적으로 이용되고 있는 국제지수로 'ICT 발전지수'를 들 수 있다.

ICT 발전지수는 ITU(International Telecommunication Union – 국제전기통신연합)에서 ITU 회원국 간의 ICT(Information and Communications Technology – 정보통신기술) 발전 정도를 비교, 분석하기 위한 지수이다.

▮ 목적

국가 간 디지털 발전도를 평가하는 데 사용된다.

▮ 평가부문

ICT 발전지수(IDI)는 ICT 접근성, 이용도, 활용능력의 3가지 평가부문으로 나뉘고 부문별로 접근성 40%, 이용도 40%, 활용력 20%의 가중치로 계산된다.

- **접근성 부문**은 ① 인구 100명당 유선전화 가입 건 수, ② 인구 100명당 이동전화 가입 건 수, ③ 인터넷이용자 대비 국제인터넷대역폭, ④ 컴퓨터 보유 가구 비율, ⑤ 인터넷 접속 가구 비율로 구성

- **이용도 부문**은 ① 인터넷 이용자 비율, ② 인구 100명당 유선 초고속 인터넷 가입 건 수, ③ 인구 100명당 무선 초고속 인터넷 가입 건 수로 구성

- **활용능력 부문**은 ① 중등교육기관 총 취학률, ② 고등교육기관 총 취학률, ③ 성인 문해율로 구성

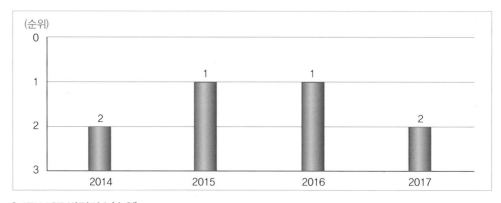

▮ ITU ICT 발전지수(순위)

❚ 2017년 ICT 발전지수 상위 15위 및 주요국

순위	국가명	순위	국가명
1	아이슬란드	6	홍콩
2	**한국**	7	네덜란드
3	스위스	8	노르웨이
4	덴마크	9	룩셈부르크
5	영국	10	일본

출처: ITU, ITU Statistics, 2017

4. 인터넷 관련 기구

1) 국제 인터넷 관련 기구

인터넷은 자유로운 정보의 공유에 그 목적이 있다.

인터넷에서 정보를 제공하고 수집하는 데 있어서 특별히 통제하는 기관은 존재하지 않지만 인터넷에 산재되어 있는 정보 자원에 대한 효율적인 접근을 위해 IP 주소와 도메인 이름 등을 관리하거나 인터넷 기술을 개발하고 기술 표준화를 담당할 기관 등이 필요하다.

(1) W3C(World Wide Web Consortium: http://www.w3.org)

W3C는 웹(Web – World Wide Web)의 표준을 제안하고 개발하는 국제 조직으로 Web의 창시자인 Tim Berners-Lee를 중심으로 1994년 10월에 설립되었고 500여 개 기업 및 단체가 W3C 회원으로 등록되어 있다.

■ 주요 업무

웹을 위한 프로토콜과 가이드라인을 개발

웹의 기반이 되는 HTML, 그래픽, 폰트 등의 이용자 환경 영역을 정함

전자상거래 보안, 개인 정보 유출 방지, 전자 서명 등의 문제 등을 다룸

개발자, 설계자, 그리고 표준 전문가들에게 W3C 권고안을 채택하도록 권유

(2) ICANN(The Internet Corporation for Assigned Names and Numbers)

ICANN은 '국제인터넷주소관리기구'로 인터넷 도메인 관리와 정책을 결정하는 도메인 관련 국제최고기구이다.

1998년 10월 미국이 운영해오던 InterNIC(Network Information Center)에 경쟁원 리를 도입하고 새로운 등록 인가 절차를 위해 ICANN이라는 비영리 통합 기구[1]를 조직 하였다.

■ 주요업무

월드 와이드 웹을 위한 .com, .net 및 .org 등 최상위 도메인 이름의 등록, 유지 관리 및 IP 어드레스 할당을 맡고 있다.

전 세계 IP 주소는 ICANN이 총괄해서 관리하며 대륙별로 인터넷서비스제공기관(ISP) 에 IP주소 할당 권한이 위임된다.

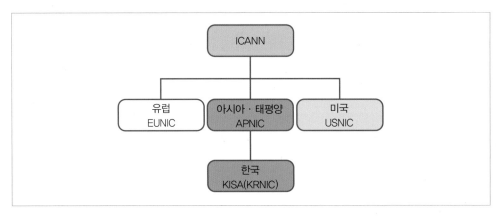

▎ 대륙별 주소자원관리기구

---

1 인터넷이 글로벌 네트워크화되면서 인터넷 주소 관리 정책을 수립하는 과정에 전 세계 모든 국가의 참여 가 필요하다는 의견이 제기되었고 이에 미국 정부는 인터넷 도메인 네임과 IP 주소 운영을 미 연방정부 로부터 민간·비영리·국제적 대표 기구로 이관시켰다. (www.icann.org)

(3) IETF(Internet Engineering Task Force)

국제인터넷표준화기구

인터넷 통신 표준 규격을 개발하고 있는 비영리 단체

사업적, 정치적 관점이 아닌 기술적인 관점에서 인터넷 작업을 효율적으로 할 수 있게 하는 조직

이 기구에서 활동을 원하는 기업, 개인 누구나 메일링 리스트에 가입하여 회의에 참여할 수 있음

인터넷에 대한 새로운 TCP/IP 표준을 개발하는 주요 활동 그룹

2) 국내 인터넷 관련 기구

(1) 한국 인터넷 정보 센터(KRNIC)

대한민국의 인터넷 발전 및 이용 활성화를 위해 1999년 6월에 설립된 비영리 기관

2004년 한국인터넷진흥원이 설립되면서 한국인터넷진흥원(KISA) 산하의 인터넷주소 자원 관리 담당 부서로서의 역할을 수행

https://한국인터넷정보센터.한국/

세계 인터넷 주소 자원을 관리하는 ICANN 조직으로부터 할당받은 주소를 다시 할당해줌

무제한인터넷주소(IPv6) 도입 확산 및 신규 비즈니스 창출

IP주소 할당, 관리, 도메인 이름 관리, 인터넷주소 국제기구 및 외국기관 협력

(2) 한국 인터넷 진흥원(KISA)

https://www.kisa.or.kr

- 글로벌 사이버보안 협력 네트워크 구축

  사이버보안 협의체 운영을 통한 세계 각국과의 정보보호 분야 경험 공유 및 역량강화, 자문활동 및 글로벌 이슈에 공동 대응

- 인터넷, 정보보호 동향분석 및 정책 연구

  국내외 인터넷 · 정보보호에 대한 정책동향 및 미래전망을 통해 ICT 정책 수립에 필요한 기초자료를 제공

  인터넷 · 정보보호 동향 및 이슈 심층 분석보고서 'KISA Report' 발간

- 정보보호 산업 육성

  정보보호 산업기반을 조성

  인증제도 운영

  정보보호 전문인력 양성 교육 운영 및 인력 양성 인프라 조성

- 사물인터넷 활성화 기반 조성

  글로벌 웹표준(HTML5) 기술지원센터(www.koreahtml5.kr) 운영

  온라인 광고 유통 기반 조성

  안전한 사물인터넷 기반 조성을 위한 'IoT 보안인증서비스' 추진, 'IoT 보안테스트베드' 운영

- 인터넷 주소관리

  국내 IP주소/AS번호의 안정적인 확보 및 공급을 위해 APNIC 등 국제기구와 협력

  국가도메인 활성화 및 등록대행 체제 운영

- 개인정보보호

  개인정보보호 법령 정비 및 제도 개선

  개인정보보호 종합포털(https://www.privacy.go.kr),

  온라인 개인정보보호 포털(https://i-privacy.kr)

  안전한 위치정보 활용기반을 조성

  불법스팸대응센터 운영 – 전화 118

  발신번호 거짓표시에 의한 피해의 최소화를 위한 시스템 운영

  GDPR를 안내함

– GDPR(General Data Protection Regulation)

GDPR이란 2018년 5월 25일부터 시행되는 EU(유럽연합)의 개인정보보호 법령이며, 동 법령 위반 시 과징금 등 행정처분이 부과될 수 있어 EU와 거래하는 우리나라 기업도 이 법에 위반되지 않도록 주의할 필요가 있다.

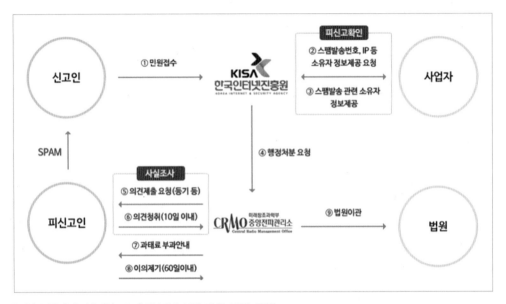

❙ 한국인터넷진흥원(KISA)의 불법스팸 대응 처리 절차

출처: https://www.kisa.or.kr/business/violation/violation4_sub1.jsp(Kisa 홈페이지)

● 사이버 침해 대응

전화 상담 및 원격점검 등을 통하여 일반 인터넷 이용자 PC의 악성코드 감염 예방 및 침해사고 피해 복구를 지원

PC 무료 원격 점검 서비스 제공

보호나라(www.boho.or.kr)에서 해킹, 웜/바이러스, 스파이웨어 등의 악성코드 감염시 점검 및 제거 서비스를 제공

학습정리

1. 인터넷의 역사

   APRAnet – NSFnet – ANSnet – 인터넷의 상용화

2. 인터넷의 발전 배경

   퍼스널 컴퓨터의 등장

   국가망 구축

   네트워크 장비 기술의 발달

   WWW의 보급

3. 한국 인터넷의 역사

   SDN 구축 – 최초의 인터넷 접속

   교육망, 연구망 구축

   PC 통신 상용 서비스 개시(천리안)

   인터넷 상용 서비스 개시(한국통신)

   ISDN 인터넷 서비스 개시

   초고속 인터넷 상용 서비스 개시(두루넷)

   ADSL 서비스 개시(하나로 통신)

   인터넷 전화 상용 서비스 개시

   IPTV 상용 서비스 개시

4. 국제 인터넷 관련 기구

  W3C: 국제웹표준화기구

  ICANN: 국제인터넷주소관리기구

  IETF: 국제인터넷표준화기구

5. 국내 인터넷 관련 기구

  KRNIC(한국인터넷정보센터)

  KISA(한국인터넷진흥원)

학습평가문제

1. 다음 중 ARPAnet의 특징에 대한 설명 중 틀린 것은?

① 최초의 인터넷으로 군사용으로 개발되었다.

② 회선 교환 방식을 이용하였다.

③ 패킷 교환 방식을 이용하였다.

④ 미 국방성에서 군사 시설의 독립성을 유지하기 위해 최초로 개발하였다.

2. 다음 인터넷망을 발달 순서대로 나열하시오.

NSFnet   ARPAnet   MILnet   ANSnet

3. 다음 인터넷망의 특징에 대한 설명 중 바르지 않은 것은?

① ANSnet은 미국 국립과학재단이 정보 공유를 목적으로 구축하였다.

② ARPAnet은 최초의 인터넷망이다.

③ MILnet은 ARPAnet에서 분리된 군사망이다.

④ ANSnet은 후에 미국 인터넷의 기간망이 되었다.

4. 다음 중 그 발달 순서상 가장 먼저 발생한 것은?

① WWW 탄생

② MOSAIC 탄생

③ TCP/IP 사용

④ NETSCAPE 탄생

5. 전문가들의 전유물로만 있었던 초창기 인터넷이 일반화되기 시작한 배경이 아닌 것은?

　① 국가망 구축

　② WWW 보급

　③ 퍼스널 컴퓨터의 등장

　④ ARPANET의 해체

6. WWW에 대한 설명이 바르지 않은 것은?

　① 인터넷을 하기 위해 전문 인터넷 용어들을 사용한다.

　② 인터넷의 대중화에 기여했다.

　③ 하이퍼텍스트 서비스를 이용할 수 있다.

　④ 팀 버너스리에 의해 제안되었다.

7. 우리나라 인터넷 역사를 시대순으로 나열하시오.

　① 초고속 국가망 인터넷 서비스를 시작

　② 하나로 통신에서 ADSL(Asymmetric Digital Subscriber Line) 서비스 개시

　③ KAIST와 미국의 하와이 대학이 연결

　④ ISDN(Integrated Services Digital Network) 인터넷 서비스가 개통

　⑤ 두루넷에서 초고속 인터넷 상용 서비스를 개시

8. 다음 중 월드 와이드 웹의 세 가지 기술에 속하지 않는 것은?

　① HTTP

　② ISDN

　③ URL

　④ HTML

9. 다음은 국제 인터넷 관련 기구에 대한 설명이다. 설명이 다른 하나는 무엇인가?

① 인터넷 통신 표준 규격을 개발하고 있는 비영리 단체이다.

② 표준화와 관련된 네트워크 설계자, 기술자, 제조업체 그리고 연구원들에게 널리 개방된 국제적인 공동체이다.

③ 기술적인 관점에서 인터넷 작업을 효율적으로 할 수 있게 하는 조직이다.

④ .com, .net 및 .org 등 최상위 도메인 이름의 등록, 유지 관리를 맡고 있다.

10. ARPAnet 연결망과 관계가 없는 것은?

① UCLA

② Stanford

③ Caltec

④ Utah

정답

1. ② (해설: 인터넷은 패킷 교환 방식을 이용하였다)   2. ARPAnet, MILnet, NSFnet, ANSnet
3. ① (해설: ①번 설명은 NSFNET이다.)   4. ③   5. ④   6. ①   7. ③, ④, ①, ⑤, ②
8. ②   9. ④ (해설: ICANN에 대한 내용이고 나머지는 IETF에 대한 설명이다)   10. ③

인터넷 서비스 관련 기술

학습목표

- 프로토콜의 의미와 그 종류에 대해 학습할 수 있다.
- TCP/IP 프로토콜의 특징과 역할에 대해 살펴볼 수 있다.
- 인터넷 주소 체계, IP, Domain에 대해 이해할 수 있다.

1. 데이터 교환 기술

1) 회선 교환 방식

■ 정의

호출자와 수신자 사이를 연결하기 위해 전기적인 경로나 회선을 연결시키는 방식이다.

■ 특징

연결된 회선은 독립적으로 계속해서 사용할 수 있다.

사용이 끝나면 회선은 단절되고 다음 연결을 위해 대기 상태가 된다.

한번 경로가 정해져 연결되면 간섭할 수 없다.

데이터를 전송할 때는 회선을 계속 점유해야 하므로 다른 기기들이 통신하기 위해 계속 대기해야 하는 문제점이 있다.

예) 전화

2) 패킷 교환 방식

■ 정의

데이터를 작은 패킷 단위로 나누어서 목적지까지 전송하는 방식

■ 특징

우편 배달 방식과 흡사

한 선로를 여러 사람이 동시에 이용할 수 있다.

선로의 독점을 막고 데이터의 손실도 적으며 전송속도로 비교적 빠르다.

패킷은 헤더부분과 실제 데이터를 담는 부분으로 나뉜다.

헤더에는 수신 측에서 필요한 정보(데이터를 조합하기 위한 정보, 송수신할 컴퓨터의

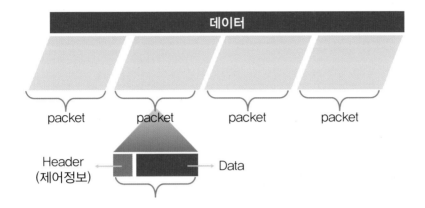

주소, 보낼 곳의 정보)들이 공통된 서식으로 추가된다.

예) 인터넷

2. 프로토콜

1) 프로토콜의 의미

정보통신 기기간에 정확하고 효율적인 정보 전달을 위해 미리 정해둔 절차 및 규약을 프로토콜이라 한다.

즉, 송신자가 어떤 메시지를 보내면 수신자는 해당되는 상황에 적절한 대응 메시지를 보내고 다시 송신자는 수신된 메시지에 따라 어떤 처리를 해야 하는지 등을 사전에 약 속해 둔 것이다.

■ 프로토콜의 역할

오류 정정 기능

원활한 전송을 하기 위한 동기화(Synchronization)

흐름 제어

주소 등의 약속들이 포함

2) 인터넷 프로토콜의 종류

FTP(File Transfer Protocol) – 파일 전송 서비스 지원

SMTP(Simple Mail Transfer Protocol) – 전자우편 서비스 지원, 보내는 메일 서버 설정

POP3(Post Office Protocol 3) – 전자우편 서비스 프로토콜의 세 번째 버전, 받는 메일 서버 설정

NNTP(Network News Transfer Protocol) – 인터넷 뉴스 전송 프로토콜, 뉴스그룹에 기사를 게시하고 구독할 수 있게 하기 위한 프로토콜

HTTP(Hyper Text Transfer Protocol) – World Wide Web 상에서 사용되는 html 문서를 주고받기 위한 프로토콜

TCP/IP(Transmission Control Protocol/Internet Protocol) – 인터넷에 연결하기 위한 공통의 표준 프로토콜로서 패킷 통신 방식은 인터넷 프로토콜 IP와 전송 제어 프로토콜 TCP로 이루어졌다.

3) TCP/IP 프로토콜

(1) TCP/IP 프로토콜의 개요

서로 다른 지역에서 서로 다른 기종의 컴퓨터로 인터넷을 하기 위해서 100여 개 이상의 프로토콜이 사용되는데 이 중에서도 가장 인터넷의 표준이 되는 프로토콜이 TCP/IP 프로토콜이다.

1980년 미 국방부에서 구축한 알파넷(ARPANET)에서 처음으로 TCP/IP 프로토콜을 제정하여 사용한 이후 전 세계가 TCP/IP를 인터넷 표준 프로토콜로 채택하여 사용하기 시작하였다.

(2) TCP/IP 프로토콜의 4계층 구조

TCP/IP는 모두 4계층 즉, 애플리케이션 계층, 전송 계층, 인터넷 계층, 네트워크 엑세스 계층(물리층 + 데이터링크층) 등으로 구성된다.

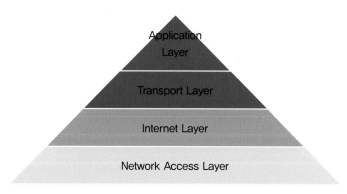

┃ TCP/IP 프로토콜 4계층

- OSI 모형(Open Systems Interconnection Reference Model)은 국제표준화기구(ISO)에서 개발한 모델로, 컴퓨터 네트워크 프로토콜 디자인과 통신을 계층으로 나누어 설명한 것으로 일반적으로 **OSI 7 계층 모형**이라고 한다.

❶ 애플리케이션층(Application Layer)

TCP/IP 계층 군에서 가장 상위에 위치한다.

다양한 애플리케이션 서비스를 실현하기 위해서는 다양한 애플리케이션 프로토콜이 필요하다.

HTTP, FTP, POP3, SMTP, NNTP, NFS 등의 프로토콜이 애플리케이션 계층에 속한다.

❷ 전송 계층(Transport Layer)

전송 계층은 애플리케이션층과 네트워크층의 중개 역할을 하는 곳으로 전송 계층에는 대표적으로 TCP(Transmission Control Protocol)와 UDP(User Datagram Protocol) 프로토콜이 있다.

- TCP

데이터를 적당한 크기의 패킷으로 나누고 각 패킷에 일련번호를 부여하여 전송한다.

재전송의 기능 – TCP는 데이터 전달의 정확성에 목표를 두고 데이터가 도중에 파손되어 상대에게 전달되지 못했을 때 재전송하는 기능이 있다.

데이터의 정확성 – 데이터를 정확하게 전달해야 하는 전자 메일 서비스나 www 서비스 등에 사용된다.

데이터의 재조립 – 수신된 데이터의 패킷들을 원래의 메시지로 재조립한다.

● UDP

UDP는 데이터 전송의 속도에 관여하는 프로토콜로서 '데이터를 빨리 전달하는 것'이 목적으로 상대에게 데이터를 보내기만 할 뿐 그 이후의 다른 지원(재전송, 흐름제어)은 없다.

UDP는 실시간성이 요구되는 IP전화나 음악이나 영상 등의 스트리밍 송출 등에서 사용한다.

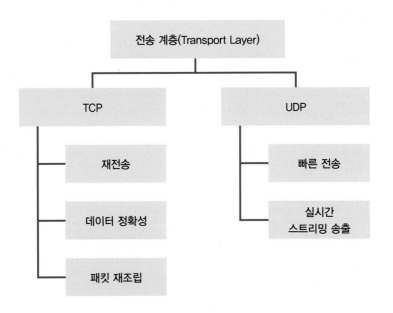

❸ 인터넷 계층 (Internet Layer)

전송층으로부터 데이터를 받아 수신처의 IP주소 등을 기록한 IP헤더를 붙여 데이터 링크층에 전달

● IP 프로토콜 – IP 주소를 사용하여 적절한 루트를 찾아 최적의 경로로 보내는 역할

데이터를 보낸 이후 오류에 대한 검증이 없어 잘못된 오류로 인한 재전송은 하지 않는다.

❹ 네트워크 엑세스 계층 (Network Access Layer)

● 데이터링크(Datalink Layer)

직접 접속된 기기와의 통신을 위한 층

비트열을 프레임으로 나누어서 네트워크층에 전달하거나 프레임을 비트열로 변환해서 물리층에 전달하는 역할

● 물리층

비트열과 신호의 변환이 일어남

비트열을 전압의 고저나 빛의 점멸 등의 형태로 변환하거나 반대로 전압의 고저나 빛의 점멸을 비트열로 변환하는 층으로 변환 방법은 기기의 성질에 의존하기 때문에 정해진 프로토콜은 없다.

▌TCP/IP 4계층 프로토콜

Application Layer		HTTP, FTP, POP3, SMTP, NNTP
Transport Layer		TCP, UDP
Internet Layer		IP, ARP
Network Access Layer	Physical Layer	Ethernet,
	DataLink Layer	비트열 변환

(3) TCP/IP 프로토콜의 계층 간 동작

송신시	TCP/IP	수신시
수신측 애플리케이션이 처리할 수 있게 만듦	애플리케이션 계층	애플리케이션에서 표시
네트워크상에서 공통된 형태로 만듦	전송 계층	데이터에 문제가 있으면 재전송
수신처 경로를 정하고 보낼 수 있는 형태로 만듦	인터넷 계층	데이터의 수신인 확인
비트열(0과 1)로 변환 비트열을 전압이나 빛의 점멸신호로 변환하여 송신	데이터링크 계층 물리 계층	비트열을 데이터로 변환 전압이나 빛의 신호를 비트열로 변환

3. 인터넷 주소 체계

1) 인터넷 주소 체계의 개요

● 오프라인 주소 체계

인간은 건물, 아파트, 주택 등에 우편물을 배달하기 위해 주소(address)를 사용한다. 이때 모든 건물들은 중복되지 않은 고유한 주소를 가지고 있다.

● 온라인 주소 제계

온라인에서도 인터넷망에 연결되어 있는 모든 컴퓨터들은 고유한 주소를 가지고 있다. 인터넷에 연결된 컴퓨터의 주소는 컴퓨터가 식별하기 쉽게 체계화된 IP 주소와 인간이 인식하기 쉽게 만든 도메인 네임으로 구별한다.

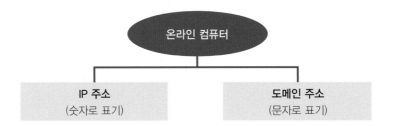

2) IP 주소

(1) IP 주소 체계

IP 주소란 인터넷에 연결되어 있는 컴퓨터들을 식별하기 위해 인터넷에 연결된 컴퓨터에게 주어지는 숫자 주소로 인터넷에 연결되기 위해서는 컴퓨터들은 1개 이상의 고유 주소를 가져야 통신이 가능하다.

인터넷에서는 패킷의 헤더에 IP 주소를 써서 패킷을 전송한다.

세계 IP 주소를 할당하고 관리하는 곳은 ICANN 산하 기관인 IANA(인터넷할당번호관리기구: Internet Assigned Numbers Authority)이다.

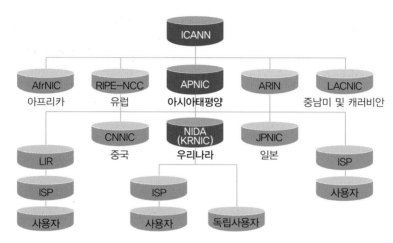

▎ 전 세계 인터넷주소자원 관리기구 체계도

다시 ICANN을 정점으로 대륙별로 5개의 관리기구를 두고 있고 아시아는 APNIC(아시아
태평양주소자원관리기구)에서, 우리나라는 한국인터넷진흥원(KRNIC)에서 인터넷 등록
기관의 역할을 하고 있다.

(2) IP 주소 타입

IP 주소는 IPv4와 IPv6 두 가지 타입의 주소 형식으로 대별된다.

• IPv4

　32비트 주소 체계

　32비트를 다시 8비트씩 점(.)으로 구분하고 10진수로 바꾸어서 표기한다.

　IPv4 주소는 총 43억 개의 유한한 자원을 표시할 수 있다.

　IPv4 사용 예

> ### 192.168.15.10

　'192.168.15.10'

• IPv6

　Wi-Fi, IP 기반 모바일 환경의 확산, 유무선 통합 서비스 제공, 스마트기기 보급 확
　대 등에 따른 IP주소 수요가 급증하여 IPv4 주소는 고갈되었다.

　또한 앞으로 M2M 서비스, 클라우드 컴퓨팅, 홈네트워크 서비스 등 천 억대 이상의
　기기들이 인터넷에 연결될 것으로 전망된다.

ICANN에서 IPv4 주소 고갈로 IPv6 주소 체계를 도입하였다.

IPv6는 128비트 체계로 주소의 총 수는 거의 무한대에 가까운 주소 체계이다.

IPv6 사용 예

```
21DA:00D3:0000:2F3B:02AA:00FF:FE28:9C5A
```

3) 도메인 네임(Domain Name)

도메인이란,

숫자로만 구성된 인터넷에 연결된 컴퓨터의 주소 즉, IP 주소 대신 사람이 기억하기 쉽게 만든 문자 주소이다.

도메인 주소는 전 세계적으로 중복되지 않도록 고유해야 하므로 정해진 체계에 따라 생성된다.

영문, 한글, 숫자, 하이픈(－) 등의 문자열로 나열된 주소 체계로 IP 주소와 1 : 1, 1 : n 또는 n : 1로 대응된다.

도메인 네임 체계에는 '3단계 도메인 체계'와 '2단계 도메인 체계'가 있다.

(1) 3단계 도메인 체계

3단계 도메인 네임은 루트(root) 도메인을 기준으로 계층적(역트리 구조 Inverted tree)으로 구성된다.

- 1단계 레이블 또는 최상위도메인(TLD: Top Lever Domain)

  국가최상위도메인(ccTLD: country code Top Level Domain) – 'kr', '한국'

  일반최상위도메인(gTLD: generic Top Level Domain)

* 신규 일반최상위도메인

국제적으로 새로운 일반최상위도메인 생성에 대한 요구가 증가

ICANN은 2012년 기존의 23개 일반최상위도메인 외에 추가로 일반최상위도메인 신청 접수 시작

(국제적 신청 예) .home, .art, .inc, .bank, .music

(국내 신청 예) .samsung, .삼성, .hyundai, .kia, .dosan

- 2단계 레이블 또는 서브도메인(SLD: Second Level Domain)

- 3단계 레이블 – 신청인이 직접 이름을 정하는 기관 명칭

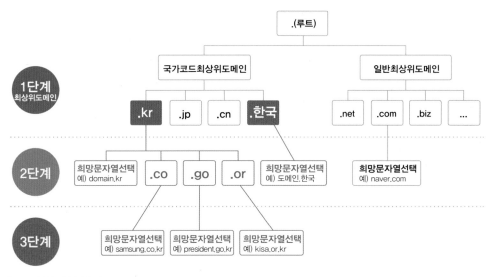

| 도메인 네임 체계   출처: http://www.kisa.or.kr

| 도메인 네임 예시

(2) 2단계 도메인 체계

국내에서는 2006년에 2단계 체계 도메인을 '국문 2단계'(한글.kr)와 '영문 2단계'(영문.kr)로 도입하였다.

구분	형식	예시
국문 2단계	한글.kr	한국인터넷진흥원.kr
영문 2단계	영문.kr	kisa.kr

- 국문 2단계 예: 한국인터넷진흥원.kr

- 영문 2단계 예: kisa.kr

2011년에는 국문 2단계 체계에 '한글.한국' 도메인도 도입하였다.
(예: 한국인터넷진흥원. 한국)

'한국' 도메인의 도입으로 한글 상호, 브랜드명, 이름 등을 그대로 사용할 수 있어 영어에 익숙하지 않은 사용자의 인터넷 접근성이 높아졌다.

❙ 국가 도메인 등록현황   단위: 건

구분/등록 건수	2단계 체계			3단계 체계
	영문.kr	한글.kr	한글.한국	
2016	258,394	63,109	42,711	716,168
2018	272,335	56,358	30,059	718,525
합계				

출처: 한국인터넷진흥원. 인터넷백서. 2018

▌최상위 도메인 종류

국가코드 최상위 도메인	국명	일반 최상위도메인	기관명
Kr	한국	org	비영리기관
uk	영국	com	회사
jp	일본	gov	정부
cn	중국	edu	교육기관
ca	캐나다	net	네트워크
fr	프랑스	mil	군사기관

▌서브 도메인 종류

도메인	내용
or	비영리 기관
co	영리
go	정부
ac	교육 기관
nm	네트워크
re	연구 기관
pe	개인
seoul	서울특별시
busan	부산광역시

(3) 전 세계 도메인 등록 현황

전 세계 국가도메인 가운데 독일 국가도메인 '.de'가 1,631만 5,693건으로 가장 많은 등록 건을 기록했다. (다음 표 참조)

▌주요 영문 국가도메인 등록 현황

1	독일.de	16,315,693	16	체코.cz	1,315,017
2	영국.uk	10,012,729	17	오스트리아.at	1,290,789
3	네덜란드.nl	5,798,481	18	한국.kr	1,078,067
4	프랑스.fr	3,169,960	19	멕시코.mx	954,619
5	호주.au	3,150,333	20	노르웨이.no	756,980

일반최상위도메인은 1985년에 생성한 '.com, .net, .org' 등 23개를 시작으로 2013년도 이후 신규 일반최상위도메인 서비스를 개시한 이래 현재 약 2,460만 건이 등록돼 있다.

일반최상위도메인 중 가장 많이 이용하는 도메인은 '.com'으로 2018년 1분기 기준 등록 건은 1억 3,392만 299건에 이른다.

신규 일반최상위도메인 중 '.top', '.loan', '.xyz'가 상위권에 있으며 2018년 8월 기준 가장 높은 성장률을 보인 신규 gTLD로는 '.top', '.online', '.site'가 있다.

▌주요 신규 일반최상위도메인 등록 현황 (2018.8 기준)   단위: 건

순위	new gTLD	등록 건수
1	.top	3,353,482
2	.loan	2,302,037
3	.xyz	2,033,310
4	.club	1,405,003
5	.online	877,265
6	.vip	849,712
7	.shop	642,149
8	.win	638,614
9	.site	519,331
10	.ltd	474,759

출처: www.ntldstats.com, 2018

국내는 현재 '.삼성', '.samsung', '.kia', '.hyundai' 총 4건을 신규 일반최상위도메인 으로 등록했다.

* 2단계 숫자 도메인

2018년부터 추진하는 제5차 인터넷주소자원의 개발·이용촉진 및 관리에 관한 기본 계획에 따라 개인, 기업 등이 보유한 숫자 브랜드를 도메인으로 활용할 수 있게 숫자로 구성한 2단계 숫자 도메인(예시: 1588.kr, 118.한국) 등록을 허용할 예정이다. 과학기술정보통신부는 2020년 4월부터 'www.1234.kr'과 같이 숫자를 사용한 2단계 도메인을 쓸 수 있게 된다고 발표했다.

- 등록이 가능한 숫자

3자 ~ 63자로 구성된 숫자

단, 공공성을 갖는 특수번호는 해당 기관만 등록 가능 예) 112.kr 112.한국

- 등록이 불가능한 숫자

타인의 전화번호, 주민등록번호 등

제공: 과학기술정보통신부

학습정리

1. 인터넷 프로토콜의 종류

FTP(File Transfer Protocol) – 파일 전송 서비스 지원

SMTP(Simple Mail Transfer Protocol) – 전자우편 서비스 지원

POP3(Post Office Protocol 3) – 전자우편 서비스 프로토콜의 세 번째 버전

NNTP(Network News Transfer Protocol) – 인터넷 뉴스 서비스 지원

HTTP(Hyper Text Transfer Protocol) – World Wide Web 상에서 사용되는 html 문서를 주고받기 위한 프로토콜

TCP/IP – 인터넷에 연결하기 위한 공통의 표준 프로토콜

2. TCP/IP 프로토콜 모델

애플리케이션 층(Http, nntp, smtp, ftp)

트랜스포트 층(TCP, UDP)

인터넷 층(IP)

네트워크엑세스 층(Ethernet, 비트열 변환)

3. 인터넷 주소 체계

- IP 주소(Internet Protocol)
  인터넷에 연결된 컴퓨터의 숫자 주소

- 도메인 주소(Domain Name)
  인터넷에 연결된 컴퓨터의 문자 주소

- DNS(Domain Name System)
  IP 주소와 도메인 주소를 1 : 1로 연결시켜 주는 시스템

학습평가문제

1. 다음 중 인터넷에서 데이터 전송을 위해 사용하는 작게 나눠진 데이터를 무엇이라 하는가?

① 헤더   ② 세그먼트   ③ 패킷   ④ 데이터그램

2. 다음 중 URL 표기 시 사용되는 서비스 프로토콜에 해당되지 않는 것은?

① FTP   ② NEWS   ③ WWW   ④ TELNET

3. 다음 각 프로토콜이 속하는 TCP/IP 계층을 고르시오.(각 계층의 영문 첫 자로 쓰시오)

HTTP   UDP   TCP   IP   SMTP

〈TCP/IP 4계층〉
Internet Layer   Transport Layer   Application Layer   Network Access Layer

4. IP 주소 클래스 중 소규모 회사 등이 받을 수 있는 클래스는 무엇인가?

5. 도메인 네임 체계에 대한 설명 중 틀린 것을 모두 고르시오

① 퀵돔은 2단계 영문 도메인이다.

② IP 주소와 n : 1 또는 1 : n 대응도 가능하다.

③ 32비트 주소 체계를 사용한다.

④ D와 E 클래스는 사용하지 않는다.

6. IP 주소 체계에 대한 설명 중 틀린 것은?

① 패킷의 헤더에 붙어서 사용된다.

② 인터넷에 있는 자원의 주소이다.

③ 세계 IP 주소를 관리하는 곳은 ICANN이다.

④ 우리나라는 KRNIC에서 관리한다.

7. 다음 중 최상위 도메인으로 사용할 수 없는 것은?

① com   ② au   ③ or   ④ net

8. 다음 중 최상위 도메인과 기관명이 잘못 짝 지어진 것은?

① gov: 정부기관

② uk: 영국

③ org: 비영리기관

④ ac: 교육기관

정답

1. ③   2. ③   3. A, T, T, I, A   4. c클래스   5. ③, ④ (해설: IP 주소에 대한 설명임)
6. ② (해설: URL에 대한 설명임)   7. ③ (해설: or은 서브도메인임)
8. ④ (해설: ac는 교육기관 서브도메인이고 edu가 최상위 교육기관임)

CHAPTER 03

월드와이드 웹 서비스

학습목차

1. 인터넷 자원의 주소
2. 인터넷에서 사용할 수 있는 서비스의 종류
3. 월드 와이드 웹 서비스
4. 웹 브라우저의 종류
5. 이메일 서비스

학습목표

- 인터넷에서 사용할 수 있는 서비스의 종류에 대해 익힐 수 있다.
- 월드 와이드 웹 서비스의 개념을 이해할 수 있다.
- 이메일 서비스의 기본 개념들을 익힐 수 있다.

1. 인터넷 자원의 주소

1) DNS(Domain Name System)

▊ DNS 개요

IP 주소와 도메인 네임을 일대일로 대응시켜 변환해주는 서비스이다.

네트워크에 연결되어 있는 모든 컴퓨터는 IP 주소 체계로 관리되고 있다.

IP주소는 컴퓨터 및 정보통신설비가 인터넷에서 특정 정보시스템을 식별하여 접근할 수 있도록 하는 숫자, 문자 조합의 정보체계이고 도메인은 인터넷상에서 특정 정보시스템을 찾아가기 위해 사람이 기억하기 쉬운 문자 형태로 표한 정보 체계이다.

따라서 도메인 네임을 IP 주소와 연결해주어야 한다.

IP 주소와 도메인 네임을 일대일로 대응시켜 변환해주는 서비스를 DNS라고 한다.

우리가 인터넷 주소줄에 도메인 네임을 입력하면 컴퓨터는 DNS 서버에 접속하여 IP 주소를 얻어온다.

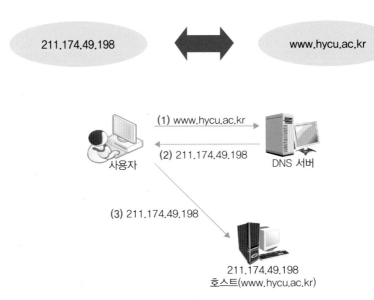

▎ DNS 동작과정

▉ DNS 서비스 보안 취약점

DNS 시스템은 IP주소에 대한 검증 없이 이루어지므로 해커에 의한 위변조 발생 시 확인이 불가능하다.

만일 해커가 해당 패킷을 가로채 실제 주소를 다른 주소로 변조할 경우 위조된 IP주소가 그대로 인터넷 이용자에 전달되게 된다.

이때 해커가 준비한 위장사이트에 접속되고 자신의 계정과 비밀번호 등이 노출되어 피싱(Phising)과 같은 인터넷 침해사고로 이어질 수 있다.

▉ DNSSEC(DNS Security Extensions: DNS 위변조 방지기술)

DNSSEC은 DNS 정보의 무결성을 위해 DNS 데이터 대상의 '데이터 위조−변조 공격'을 방지하기 위한 인터넷 표준 기술로 국제 표준을 도입하여 운영하고 있다.

최근 웹페이지를 목표로 하는 공격보다 DNS를 이용하는 공격방식이 급증하고 있어 DNSSEC 적용확산이 필요한 만큼 한국인터넷진흥원에서는 국가도메인(.kr, .한국)의 안정적인 운영 지원과 DNSSEC 도입 · 확산을 위해 국가도메인(.kr, .한국)을 운영하는 DNS 운영자 등을 대상으로 'DNS 관리자를 위한 기술교육'을 실시하고 있다.

2) URL(Uniform Resource Locator)

URL이란 인터넷의 다양한 종류의 서비스 또는 컨텐츠를 제공하는 서버에 담겨 있는 파일의 위치를 표시하는 주소이다.

웹브라우저라는 하나의 단일도구 안에서 URL을 이용하여 다양한 형태의 인터넷 서비스를 이용할 수 있다.(이메일, 텔넷, FTP 등)

이렇게 다양한 서비스를 이용하기 위해서는 각 서비스 종류에 맞는 프로토콜 이름과 서버의 위치, 즉 도메인 이름, 그리고 접속할 자원(파일)의 위치와 이름이 필요하다.

█ URL 표기 형식

프로토콜 이름 : // 호스트주소 : 포트번호(생략 가능) / 자원이름

프로토콜 이름: 제공받을 인터넷 서비스 종류 프로토콜

호스트주소: 도메인 이름 또는 IP 주소

포트번호: 서비스에 할당된 포트번호(기본값일 경우 생략)

자원이름: 해당 서비스를 실행할 디렉토리를 포함한 파일 이름

█ URL 사용 예

http://www.hycu.ac.kr/lesinfo/?dept=30008
: 한양사이버대학교 광고미디어학과 페이지

http://www.hycu.ac.kr/Campusinfo/LbraryInfo.asp
: 한양사이버대학교 도서관

2. 인터넷에서 사용할 수 있는 서비스의 종류

인터넷 서비스란 인터넷을 통해 이루어지는 다양한 형태의 서비스 활동을 의미한다.
인터넷에서 사용할 수 있는 서비스의 종류는 아래와 같다.

- 전자우편 서비스
- 유즈넷 서비스
- FTP 서비스
- 텔넷 서비스
- P2p 서비스
- 메신저 서비스
- WWW 서비스

1) 전자우편 서비스(Email Service)

이메일(Electric mail)은 컴퓨터 통신망을 이용하여 컴퓨터 사용자 간에 메시지나 데이터를 주고받을 수 있는 통신 방법이다.

2) 유즈넷 서비스(Usenet Service)

유즈넷은 1980년 듀크 대학의 대학원생에 의해 개발된 전자게시판(BBS)이다.

공통된 관심사에 대한 정보와 토론을 벌일 수 있는 인터넷 서비스로 주제에 따라 분류된 계층구조를 갖고 있다.

월드 와이드 웹이 단순히 텍스트와 이미지로 된 정보를 보여주는 것에서 벗어나, 클라이언트−서버 간 상호작용을 가능케 하는 요소들이 등장하면서 인터넷 포럼이나 게시판이 상당수 등장하게 되고 유즈넷은 점차 쇠퇴한다.

3) FTP 서비스(File Transfer Protocol Service)

FTP는 파일을 주고받는 데 쓰이는 전송규약을 의미한다.

'윈도우 탐색기'나 '내컴퓨터'와 비슷한 환경을 제공하고 최근 FTP 서비스가 웹에서도 제공되고 있다.

4) 텔넷 서비스(Telnet Service)

사용자가 다른 곳에 위치한 컴퓨터를 온라인으로 연결하여 사용하는 서비스이다.

도메인 네임이나 IP주소 그리고 사용자 이름(ID)과 비밀번호만 알면 전 세계 어느 컴퓨터든지 접속 가능하다.

텔넷을 이용하면 네트워크에 있는 컴퓨터를 자신의 컴퓨터처럼 파일 전송, 파일 생성, 디렉토리 생성 등을 자유롭게 이용할 수 있다.

5) P2P(Peer-to-peer) 서비스

네트워크에 있는 컴퓨터 간에 직접 파일을 교환하는 형태의 서비스이다.

P2P 서비스는 **서버/클라이언트** 모델에 대응되는 것으로 P2P모델이다.

서버/클라이언트 모델에서 각 컴퓨터의 관계가 주종의 관계인 반면, P2P는 파일을 주고받는 각 컴퓨터와의 관계가 동등한 입장에서 MP3, 동영상뿐만 아니라 데이터나 주변 장치 등을 서로 공유한다.

6) 메신저 서비스

인터넷에서 실시간으로 직접 메시지를 주고받을 수 있는 서비스로 단순한 메시지 교환뿐 아니라 파일 교환, 음성 채팅, 화상 등의 기능도 함께 제공한다.

메신저 서비스는 P2P 형태의 서비스이다.

7) WWW(World Wide Web) 서비스

하이퍼 텍스트 형태의 문서를 이용하여 정보를 제공하는 서비스이다.

텍스트 외에 그림, 음성, 동영상 등 다양한 형태의 정보들을 제공한다.

- 하이퍼텍스트란
  하이퍼링크로 연결된 텍스트를 의미

- HTML로 작성한 하이퍼링크의 예)
  〈a href="http://www.hycu.ac.kr"〉 한양사이버대학교 〈/a〉를 클릭하면 학교 홈페이지로 이동합니다.

<u>**한양사이버대학교**</u> 를 클릭하면 학교 홈페이지로 이동합니다.

---

3. 월드 와이드 웹 서비스

1) 웹(Web)의 역사

CERN(유럽입자물리연구소)의 팀 버너스리가 '하이퍼텍스트 프로젝트'를 제안한 것이 Web의 시초가 되었다.

하이퍼텍스트 서비스를 이용할 수 있는 최초의 웹 '브라우저(Browser)'인 '모자이크 (Mosaic)가 개발되면서 웹 서비스는 당시 1993년 초 인터넷을 이용한 서비스 중에서 127위를 차지했다가 1년만에 11위를 기록할 정도로 폭발적으로 발달했다.

■ 하이퍼텍스트

하이퍼텍스트란 텍스트끼리의 이동을 정의하는 하이퍼링크(hyperlink)가 적용된 텍스트를 의미하는 것으로 Ted Nelson이 '3차원 이상의 공간'이라는 뜻의 'Hyper'와 '문서'의 뜻을 가진 'Text'를 붙여서 만든 합성어이다.

문서 내 특정 정보와 연관된 구체적 정보를 연계시켜 문서를 읽는 도중 연결된 텍스트를 클릭하면 곧바로 연관 정보가 있는 곳으로 곧바로 이동하여 검색할 수 있는 형태이다.

HTML(Hyper Text Markup Language)로 만들어지고 문서의 확장자는 *.HTML 혹은 *.HTM이다.

2) 웹의 운영방식

(1) 서버/클라이언트 모델

월드 와이드 웹은 서버/클라이언트 모델 방식을 이용한다.

서버는 인터넷을 통해 필요한 자료나 디스크, 프린터 장치 등을 제공하고 클라이언트는 이를 이용하는 형태이다.

● 클라이언트

  사용자의 입력에 따라 웹 서버에게 필요한 정보가 담긴 문서를 요청하는 컴퓨터 또는 프로그램이다.

클라이언트 전용 프로그램이 필요하다. (예: 웹 브라우저)

- 서버

클라이언트의 요청에 따라 다양한 형태로 자신의 서버 컴퓨터에 담겨진 정보들을 제공해주는 컴퓨터이다.

서버/클라이언트 모델에서는 전용 프로그램이 필요하다.

서버는 제공하는 정보와 서비스의 종류에 따라 여러 종류로 나뉜다.

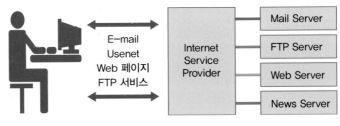

▎서버/클라이언트 모델

(2) 웹 문서 서비스 제공 과정

❶ 클라이언트가 웹페이지(예: 한양사이버대학교)에서 하이퍼링크가 설정된 하이퍼텍스트(예: 취업정보)를 선택함

❷ 하이퍼링크로 연결된 URL에 의해 HTTP를 이용하여 웹 서버에 접근함
(http://hycu.ac.kr/Campusinfo/EduCareer_01_t1_list.asp)

❸ 웹 서버에 대해 관련된 문서를 요청함(Requests)

❹ 서버는 텍스트와 관련 정보를 클라이언트에 전송함(Responses)

❺ 클라이언트는 브라우저를 이용해서 텍스트와 미디어를 화면상에 표시함

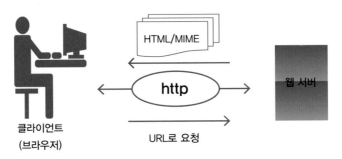

4. 웹 브라우저의 종류

웹 브라우저란 인터넷을 이용하여 웹 서버의 하이퍼텍스트 문서를 볼 수 있게 해주는 클라이언트 프로그램을 말한다.

웹브라우저는 텍스트나 이미지 외에도 동영상과 같은 멀티미디어를 처리할 수 있는 하이퍼미디어 기능이 포함되어 있다.

1) 모자이크(Mosaic)

최초의 GUI(Graphic User's Interface) 방식의 웹 브라우저이다.

1992년 미국 일리노이 대학의 슈퍼 컴퓨팅 센터(NCSA, National Center for Supercomputing Applications)에 있는 마크앤드리슨이 개발하였다.

90년대 최고의 프로그램으로 인정되었으나 속도가 느리다는 단점이 있었다.

1997년 1월 7일 지로 공식적으로 지원 및 개발 중단을 발표했다.

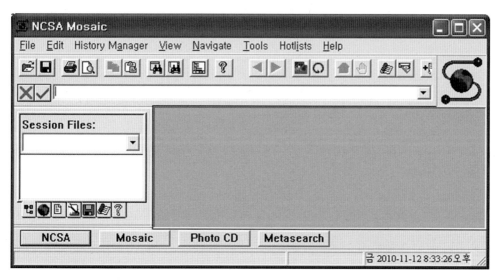

▌ 모자이크 레이아웃

2) 네스케이프 네비게이터

모자이크의 개발에 참여했던 마크 앤드리슨이 실리콘그래픽사의 짐 클락과 함께 1994
년 9월 회사(넷스케이프사)를 설립하였고 이후 '네비게이터'라는 웹 브라우저를 개발하
였다.

네비게이터는 편리한 사용자 환경과 빠른 처리 속도로 한때 웹 브라우저 점유율이
90%에 달했으나 마이크로 소프트사의 '인터넷 익스플로러'가 등장하면서 이용자가 계
속 줄다가 이후 '인터넷 익스플로러'와의 소송 전쟁에서 패배한 후 2008년 3월 서비스
지원 및 개발 중단을 발표했다.

❙ 네스케이프 네비게이터 레이아웃

3) 인터넷 익스플로러

1995년에 '윈도우95'라는 운영 체제를 출시한 마이크로소프트사가 웹 브라우저 '인터
넷 익스플로러(Internet Explorer)'를 개발하였다.

이후 마이크로소프트사가 자사의 새로운 OS인 프로그램인 '윈도우 95'에 익스플로러 3.0을 포함하여 공급하기 시작했다.

2006년 2월 당시 세계에서 가장 많이 사용되는 웹 브라우저로서 세계 시장의 90%를 차지하기까지 했다.

맥 OS에서의 인터넷 익스플로러 지원을 중단하고 대체 웹 브라우저가 개발되면서 인터넷 익스플로러는 하락세를 보이기 시작했다.

4) 기타 웹브라우저

파이어폭스(FireFox)

2004년 Mozilla에서 개발했다.

다양한 운영체제별로 다양한 인터페이스를 보여준다.

사파리 (Safari)

Apple 컴퓨터에서 개발했다.

애플의 퀵타임 멀티미디어 기술과 통합되어 있다.

검색 필드로 Bing과 야후를 포함하고 있다.

오페라(Opera)

노르웨이 오슬로의 오페라 소프트웨어가 개발했다.

스마트폰과 PDA를 위한 브라우저분야에서 'Small Screen Rendering' 기술로 선도하여 닌텐도 게임기인 "Wii"에 탑재되어 있다.

다양한 기능을 탑재하고 있음에도 프로그램이 작고 가벼우며 렌더링 속도가 빠르다.

윈도와 매킨토시 · 리눅스 등 다양한 운영체제에서 활용이 가능하다.

크롬(Chrome)

구글(Google Inc.)에서 만든 오픈소스 웹브라우저이다.

간단하고 효율적인 사용자 인터페이스와 안정성, 속도, 보안성을 제공한다.

오픈소스 웹 브라우저는 사용자들의 참여를 환영하여 현재 버전에 모자라는 점을 빨리 교정하여 다시 쓰여지도록 하고 있는 반면, 언제나 개발 중인 상태로 남아있지 않을까 하는 비평을 받기도 한다.

5) 웹 호환성

웹 사이트 구축 시 브라우저 종류, 버전에 따른 기능별 차이 등을 고려해 호환할 수 있게 표준안이 필요하고 이 웹 표준을 적용하는 부분을 '웹호환성(Cross Browsing)'이라 한다. 즉, 표준화한 웹 기술로 브라우저나 운영체제에 종속되지 않도록 하는 것이다.

웹 표준이 아닌 마이크로소프트의 액티브X, 실행파일(EXE), 파이어폭스의 플러그인 API(NPAPI) 등과 같은 비표준 기술의 사용은 정상적인 서비스를 이용할 수 없는 등 불편의 원인이 된다.

2017년 하반기 국내 인터넷 이용 현황을 보면, 데스크톱에서 OS는 윈도우 점유율이

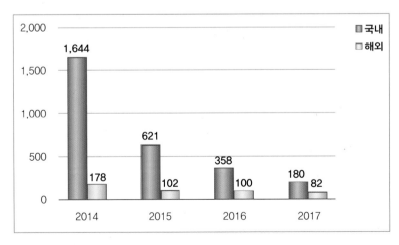

┃ 국내 100대 웹 사이트 대상 액티브X 사용 추이

출처: 2017 인터넷이용실태조사, 2017

96.44%이었다.

2020년 1월부터 윈도우7 기술 지원이 종료되고, 12월부터 어도비 플래시 지원이 중단되는 등 브라우저 자체에서 비표준 기술을 더는 지원하지 않는 방향으로 정책이 바뀌었다.

2017년 국내 100대 웹 사이트 대상 비표준 웹 기술인 액티브X 사용 실태를 조사한 결과, 총 180개가 남아있었다. 이는 2014년 1,644개와 비교해 약 89.1%가 낮아진 수치다.

▮ 웹브라우저 세계 시장 점유율(2009.01 ~ 2018.09)

웹 브라우저의 시장 점유율은 전체 웹 브라우저에서 특정 웹 브라우저를 사용하는 비율을 백분율로 나타낸 값이다.

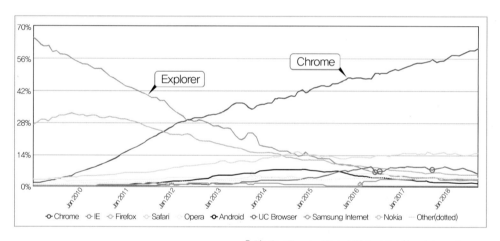

출처: StatCounter Global Stats, http://gs.statcounter.com

구글 크롬은 꾸준히 증가하는 반면 익스플로러는 꾸준한 하향세를 보이고 있음을 알 수 있다.

5. 이메일 서비스

1) 이메일이란

컴퓨터 통신망을 이용하여 컴퓨터 사용자 간에 메시지 및 소리, 동영상을 주고받을 수 있는 통신 방법으로 Electronic mail의 약자로 'E-mail'이라고도 쓴다.

이메일 주소는 인터넷상에서만 사용할 수 있는 특수한 형태의 전자 주소로 되어 있다.

계정이름 @ 메일 서버 주소

계정 이름은 사용하고자 하는 메일 서버에 등록한 회원의 '아이디(ID)'이고

메일 서버 주소는 회원을 가입한 메일 서버의 도메인 이름을 말한다.

- 이메일 주소의 예

  bob@naver.com (문자)

  1234@hycu.ac.kr (숫자)

  Mary123@gmail.com (문자 + 숫자)

2) 이메일 서비스 동작 과정

❶ 이메일 서비스를 제공하고 있는 메일 서버에 회원가입을 하여 아이디와 패스워드를 등록하고 **이메일 주소**를 할당받는다.

❷ '이메일 보내기'를 하면 이메일은 먼저 송신자 메일 서버로 간다.

   이때 메일 서버는 일반 우편으로 말하면 우체국과 같은 역할을 한다.

❸ 이메일을 받은 송신자 측 메일 서버는 이메일을 수신자 측 메일 서버로 보낸다.

❹ 수신자 측 메일 서버는 해당 수신인 이메일 주소로 이메일을 발송한다.

| 이메일 서비스 동작 과정

3) 이메일 서비스의 종류

(1) 웹(Web) 메일 서비스

이메일 서비스를 제공하는 사이트에 회원으로 가입한 후 회원 아이디(ID)계정을 할당받아 웹 브라우저에서 이용하는 이메일 서비스를 '웹메일'이라고 한다.

인터넷이 되는 어디서든 컴퓨터나 스마트기기에서 로그인만 하면 이메일을 이용할 수 있다.

| 네이버 웹메일 화면

(2) 이메일 전용 클라이언트 프로그램

이메일 전용 클라이언트 프로그램을 이용하는 메일 서비스로 POP3(Post Office Protocol, POP3) 방식을 사용한다.

대표적인 이메일 전용 프로그램으로는 'Outlook Express(Windows XP)', 'Windows Mail(Windows Vista)', 'Microsoft Outlook(Microsoft Office)', Mail(Mac OS X) 등이 있다.

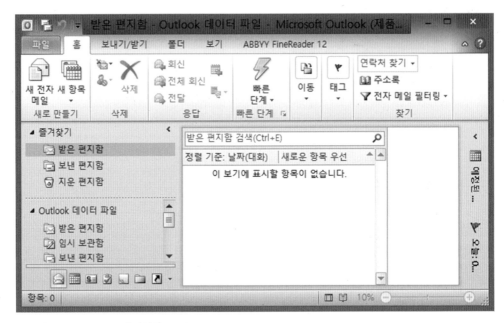

I Outlook Express 레이아웃

4) 이메일 관련 프로토콜

이메일 서비스도 인터넷을 이용하는 서비스의 일종으로 메시지를 보내고 받을 때 서로
약속한 규격이 '이메일 프로토콜'이다.

■ IMAP(Internet Messaging Access Protocol)

클라이언트가 이메일을 읽기 위한 인터넷 표준 프로토콜의 한 종류로서 TCP/IP 프로
토콜보다 상위 계층에서 동작하면서 POP3보다 성능이 더 뛰어나다.

IMAP 방식은 메일 서버에 메일을 저장할 수 있고 메일의 헤드만도 읽을 수 있다.

휴대폰 등에서 메일을 처리하는 방법으로 적합하다.

이메일을 다운로드하지 않고 인터넷상에서 메일을 보내고 읽고 해야 한다.

■ SMTP(Simple Mail Transfer Protocol)

인터넷에서 이메일을 전송하는 표준 프로토콜이다.

수신자의 받는 메일 서버로 이메일을 보내는 역할을 한다.

■ POP(Post Office Protocol, POP3)

이메일 전용 클라이언트 프로그램(Outlook Express, Microsoft Outlook 등)에서 사용한다.

메일 클라이언트가 메일을 자신의 컴퓨터로 내려 받도록 해주는 표준 프로토콜이다.

일단 메시지를 내 컴퓨터로 다운로드하면 다른 컴퓨터에서는 작업할 수 없다는 단점이 있어서 이를 보완하여 메일을 다운로드했을 때 서버에 복사본을 저장하는 기능을 가지는 이메일 전용 프로그램 등이 많이 사용되고 있다.

학습정리

1. 인터넷에서 사용할 수 있는 서비스의 종류

전자우편 서비스, 유즈넷 서비스, FTP 서비스, 텔넷 서비스, P2P 서비스, 메신저 서비스, WWW 서비스

2. World Wide Web 서비스

최초의 Web – 팀 버너스리가 제안

클라이언트/서버 모델 방식

하이퍼 텍스트 문서

Hmtl로 제작

HTTP를 이용하여 서버에 연결

클라이언트용 웹 브라우저 필요 – 최초의 웹브라우저: 모자이크

3. 서버/클라이언트 모델

서버는 인터넷을 통해 필요한 자료나 디스크, 프린터 장치 등을 제공하고 클라이언트는 이를 이용하는 형태

4. 서버

클라이언트의 요청에 따라 다양한 형태로 자신의 서버 컴퓨터에 담겨진 정보들을 제공해주는 컴퓨터

5. 클라이언트

사용자의 입력에 따라 웹 서버에게 필요한 정보가 담긴 문서를 요청하는 컴퓨터 또는 프로그램

6. 이메일 서비스

이메일 프로토콜 – SMTP, POP3, IMAP

이메일 전용 프로그램 – 'Outlook Express(Windows XP)', 'Windows Mail(Windows Vista)', 'Microsoft Outlook(Microsoft Office)', Mail(Mac OS X) 등

웹메일 – 웹에서 회원가입 후 로그인하여 사용

학습평가문제

1. URL 표기 형식에서 생략 가능한 요소는 무엇인가?

① 프로토콜　　　② 호스트 주소　　　③ 자원 이름　　　④ 포트 번호

2. IP주소와 도메인 네임을 일대일로 대응시켜주는 시스템을 무엇이라 하나?

3. 이메일을 교환하기 위해 사용되는 프로토콜과 관련이 없는 것은?

① POP3　　　② IMAP　　　③ SMTP　　　④ FTP

4. 월드 와이드 웹 서비스에 대한 설명 중 틀린 것은?

① 클라이언트/서버 모델 방식이다.

② P2P 방식이다.

③ 웹 브라우저를 이용하여 서버에 접속한다.

④ URL을 사용하여 웹 리소스에 접속한다.

5. 다음 중 웹 브라우저에 대한 설명 중 틀린 것은?

① 오페라는 프로그램이 작고 랜더링 속도가 빠르다.

② 사파리는 애플사에서 개발한 것으로 검색 필드로 Bing과 야후를 포함한다.

③ 모자이크는 다양한 운영체제별로 다양한 인터페이스를 보여준다.

④ 크롬은 오픈소스 웹 브라우저이다.

6. 최초로 WWW 서비스를 제안한 사람은 누구인가?

7. 이메일을 교환하기 위해 사용되는 프로토콜과 관련이 없는 것은?

① POP3   ② IMAP   ③ SMTP   ④ FTP

8. 전자 우편 송신 시 사용되는 프로토콜은?

① SMTP   ② POP   ③ FTP   ④ IMAP

9. 아웃룩 익스프레스에서 받은 메일이 들어오지 않고 있다. 그 이유에 적합하지 않은 것은?

① POP3 서버 주소가 잘못되어 있다.

② SMTP 서버 주소가 잘못되어 있다.

③ 이메일 계정 아이디가 잘못되어 있다.

④ 이메일 계정 패스워드가 잘못되어 있다.

10. 다음 중 이메일 사용 방법에 대한 설명 중 다른 하나는?

① 인터넷이 되는 어떤 컴퓨터에서도 이메일을 보낼 수 있다.

② pop3 기능을 지원해야 한다.

③ 로그인만 하면 바로 이메일을 보낼 수 있다.

④ SMTP 설정을 하지 않아도 된다.

11. 다음 중 프로그램의 종류가 다른 하나는 무엇인가?

① Safari   ② Chrome   ③ Google   ④ Explorer

12. 다음 중 웹 브라우저에 대한 설명이 다른 하나는 무엇인가?

① 최초의 GUI(Graphic User's Interface) 방식의 웹 브라우저

② 마크앤드리슨이 개발

③ 90년대 최고의 프로그램으로 인정

④ 속도가 빠르다는 장점

정답

1. ④   2. DNS   3. 웹 서비스   4. ②   5. ③   6. 팀 버너스리   7. ④   8. ①   9. ①

10. ② (해설: ②는 이메일 전용 프로그램 사용 시 설정한다)   11. ③   12. ④

CHAPTER 04

인터넷 익스플로러 이해와 활용

학습목차

1. 인터넷 익스플로러의 기본 기능 익히기
2. 인터넷 익스플로러 안전하게 사용하기
3. 인터넷 옵션 관리하기

학습목표

- 인터넷 익스플로러의 다양한 메뉴를 실습할 수 있다.
- 인터넷 익스플로러에서 개인 정보를 보호하면서 안전하게 사용하는 방법을 익힐 수 있다.
- 즐겨찾기 추가 및 가져오기/내보내기 등을 익힐 수 있다.
- 개인정보보호를 위하여 검색 기록 삭제 및 SmartScreen 필터 사용 방법을 익힐 수 있다.

1. 인터넷 익스플로러의 기본 기능 익히기

1) 인터넷 익스플로러 11 레이아웃

인터넷 익스플로러 11의 기본 레이아웃의 기능은 다음과 같다.

❶ 홈

브라우저를 열었을 때 처음 열리는 페이지를 의미한다.

웹 브라우저에서 [홈]버튼을 클릭하면 '인터넷 옵션'에서 미리 지정해 놓은 페이지로 이동한다.

❷ 즐겨찾기 피드 및 열어본 페이지 목록

자주 방문하는 페이지의 URL을 저장하거나 열어본 페이지 목록을 볼 수 있다.

❸ 도구

인터넷 익스플로러의 모든 환경 설정 및 옵션 등을 설정하는 곳이다.

❹ 새 탭

기존의 열린 창에서 탭이 새로 추가된다.

❺ 메뉴 모음

인터넷 익스플로러에서 할 수 있는 모든 작업을 설정하고 실행할 수 있는 곳이다.

메뉴는 선택적으로 화면에 표시하거나 표시되지 않게 할 수 있다.

2) 찾기

[도구] – [파일] – [이 페이지에서 찾기]

에서 원하는 키워드를 입력하면 찾는 문자열에 색상이 채워진다.

텍스트로 이루어진 문서 안에서 원하는 단어를 쉽게 찾아볼 수 있다.

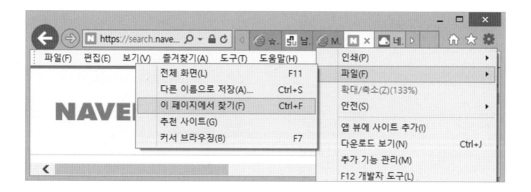

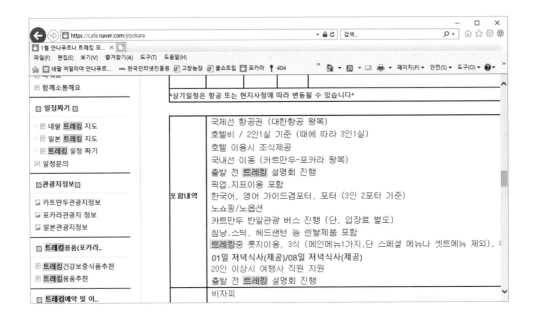

3) 확대/축소 지정

[도구] – [확대/축소]

에서 웹 페이지 화면의 크기를 확대/축소할 수 있다.

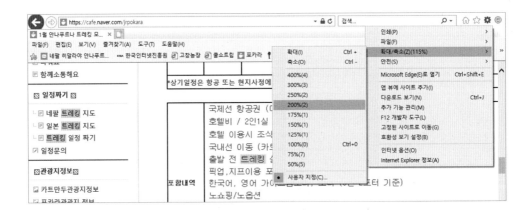

4) 홈페이지 탭 설정

[도구] − [인터넷 옵션] − [일반] − [홈페이지]

에서 설정할 수 있다.

인터넷 익스플로러 11에서는 하나의 브라우저 창에 여러 개의 홈페이지 탭을 동시에
열 수 있다.

브라우저가 열리면서 동시에 열리기를 원하는 사이트의 URL을 한 줄에 하나씩 주소를
입력하면 된다.

● 홈페이지 지정 결과 화면

2개 이상의 주소를 입력한 경우 해당 숫자만큼 동시에 탭으로 열린다.

5) 즐겨찾기

■ 즐겨찾기에 추가

자주 가는 웹 페이지의 URL에 대한 정보를 '즐겨찾기'에 저장할 수 있다.

즐겨찾기 항목 이름을 바꿀 수도 있고 즐겨찾기를 원하는 폴더별로 관리할 수도 있다.

● [즐겨찾기에 추가] - [즐겨찾기에 추가]를 클릭한다.

■ 즐겨찾기 가져오기/내보내기

즐겨찾기 목록을 내 컴퓨터 외의 다른 컴퓨터나 스마트기기로 이동하기 위해 가져오기
/내보내기 등을 할 수 있다.

❶ [즐겨찾기에 추가] - [가져오기 및 내보내기]를 클릭한다.

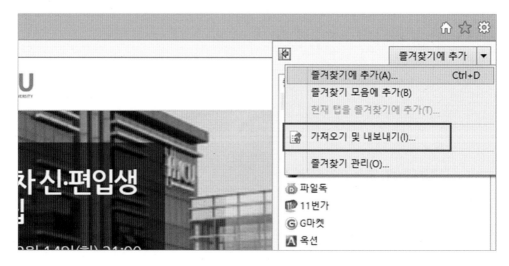

❷ 즐겨찾기 목록을 '파일로 내보내기'를 선택한 후 [다음]을 클릭한다.

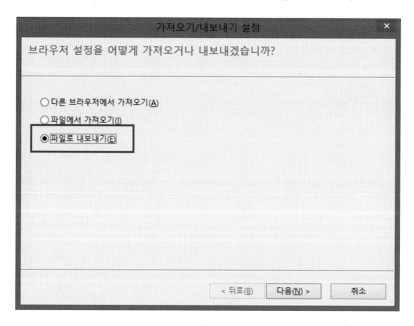

❸ "무엇을 가져오시겠습니까?"에 [즐겨찾기]를 선택한 후 [다음]을 클릭한다.

❹ 즐겨찾기를 내보낼 폴더를 선택한 후 [다음]을 클릭한다.

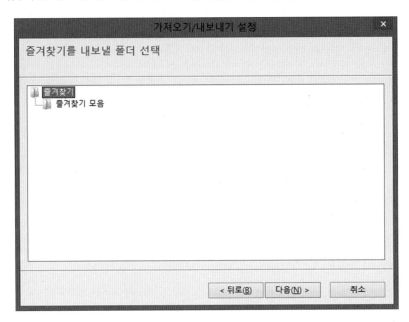

❺ "어디로 즐겨찾기를 내보내시겠습니까?"에 폴더를 지정한 후 [내보내기]를 클릭한다.
지정 폴더를 변경할 경우 [찾아보기]를 클릭해서 폴더를 재지정한다.

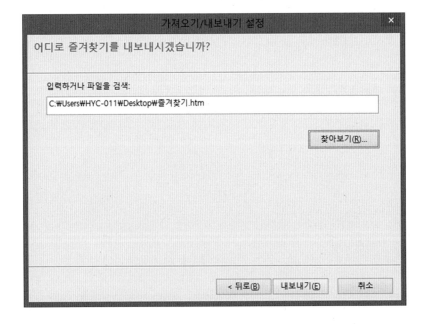

❻ "이 설정을 성공적으로 내보냈음" 메시지를 확인한 후 [마침]을 클릭한다.

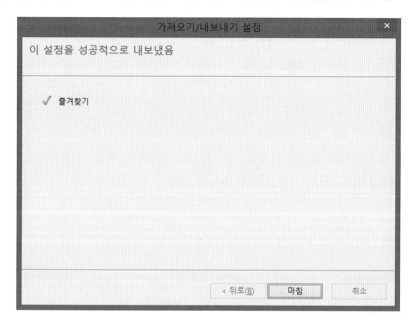

 열어본 페이지 목록 보기

'날짜 순'으로, '사이트 순' 또는 '자주 열어본 사이트 순' 등으로 열어본 페이지 목록을
다시 확인할 수 있다.

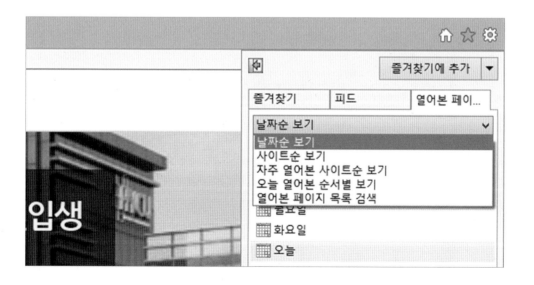

6) 팝업 차단하기

'팝업'이란 웹 사이트에서 일시적인 알림이나 광고를 위한 목적으로 웹 사이트가 로딩될 때 독립적으로 띄우는 창을 말한다.

팝업은 알림창으로 유용하게 쓰이지만 광고성 팝업이 난무하고 바이러스까지 같이 들어오는 경우가 많아 보안의 문제로 팝업을 차단하고 사용하는 경우가 많다.

항상 팝업을 차단하고 팝업이 차단된 상태에서 일시적으로 특정한 웹 사이트의 팝업창만을 허용하기 위한 웹 페이지의 URL 목록을 관리할 수 있다.

❶ [도구] – [인터넷 옵션] – [개인 정보] – [팝업 차단 사용]에서 전체 팝업 차단을 할 수 있다.

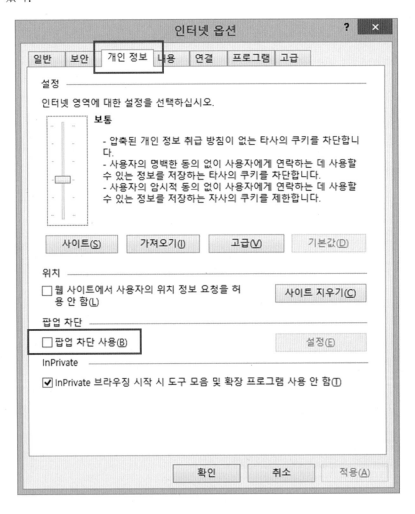

❷ [팝업 차단 사용]이 체크된 상태에서 특별히 팝업을 허용할 웹 사이트 주소 목록을
만들 수 있다.

[도구] – [인터넷 옵션] – [개인 정보] – [팝업 차단 사용] – [설정]을 클릭한다.

'허용할 웹 사이트 주소' 줄에 팝업 창을 허용할 사이트 주소를 입력한 후 [추가]버
튼을 클릭하면 '허용된 사이트' 목록으로 저장된다.

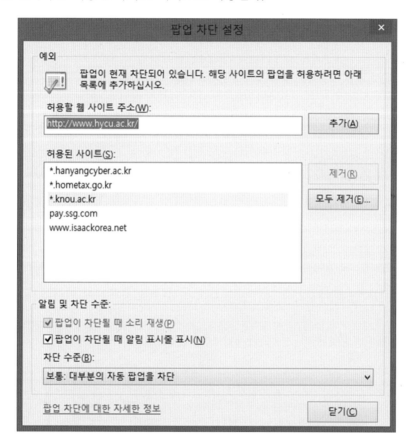

7) 인쇄/페이지 설정하기

(1) 페이지 전체 설정하기

웹 사이트의 화면 전체를 인쇄할 수 있다.

용지 크기, 가로/세로 지정, 여백 지정 등을 할 수 있다.

배경색 및 이미지 인쇄 등의 여부를 결정할 수 있다.

❶ [도구] – [인쇄] – [페이지 설정]에서 설정할 수 있다.

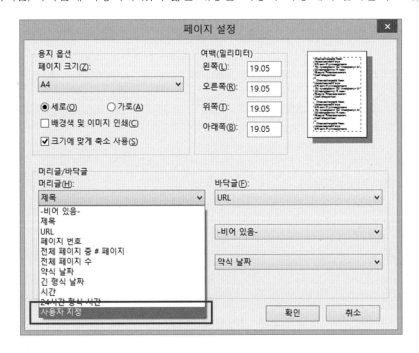

❷ 머리글/바닥글에 웹 페이지 제목, URL, 날짜, 페이지 번호 등을 직접 입력할 수 있다.
머리글/바닥글에 지정되어 있지 않은 내용을 '사용자 지정'에서 입력할 수도 있다.

(2) 웹 페이지 특정 부분만 인쇄하기

❶ 웹 페이지의 일부분을 드래그하여 블록으로 설정한다.

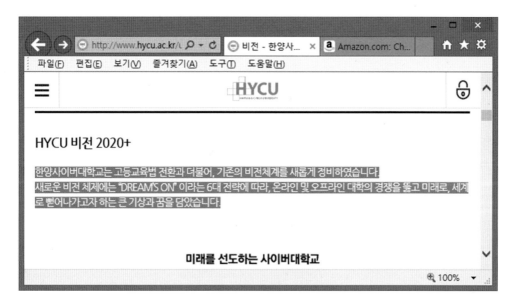

❷ [도구] – [인쇄 미리보기]에서 '화면에서 선택한 대로'를 선택한 후 [인쇄하기] 버튼
을 클릭한다.

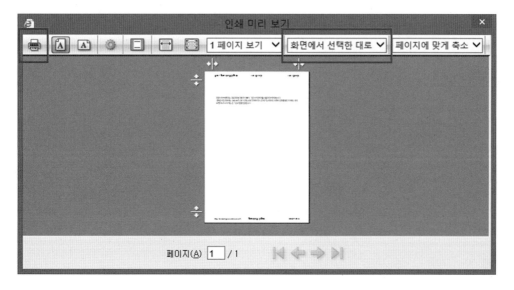

2. 인터넷 익스플로러 안전하게 사용하기

1) 검색 기록 삭제하기

■ 검색 기록의 개요

검색 기록이란 Internet Explorer가 사용자가 방문하는 웹 사이트에 대한 정보와 사용자의 정보(사용자의 이름, 주소 및 암호) 등을 컴퓨터 메모리에 파일로 저장해 놓은 것을 말한다. 이러한 정보를 메모리에 저장해 두면 웹 검색 속도가 향상되고 같은 주소나 아이디 또는 암호 등을 매번 입력하지 않아도 되므로 편리하다는 장점이 있다.

그러나 공공장소에서 웹 검색을 했거나 여러 사람이 공동으로 컴퓨터를 사용하는 경우에는 사용자의 개인 정보가 해킹 당할경우 피해를 입을 수 있는 단점이 있다.

■ 검색 기록 유형

- 임시 인터넷 파일
  인터넷 속도 향상을 위해서 컴퓨터에 저장한 웹 페이지, 이미지 및 미디어 등

- 쿠키
  사용자의 설정을 위해 웹 사이트에서 사용자 컴퓨터에 저장해 놓은 로그인 정보

- 열어본 웹 사이트 기록
  사용자가 방문한 웹 사이트의 목록

- 양식 및 암호
  회원 가입과 같은 입력 양식에 입력한 내용 및 암호

- 다운로드 기록
  내 컴퓨터로 다운로드한 파일 목록

■ 검색 기록 삭제하기

[도구] - [안전] - [검색 기록 삭제]를 클릭해서 원하는 검색 기록 유형을 선택하고 '삭제'한다.

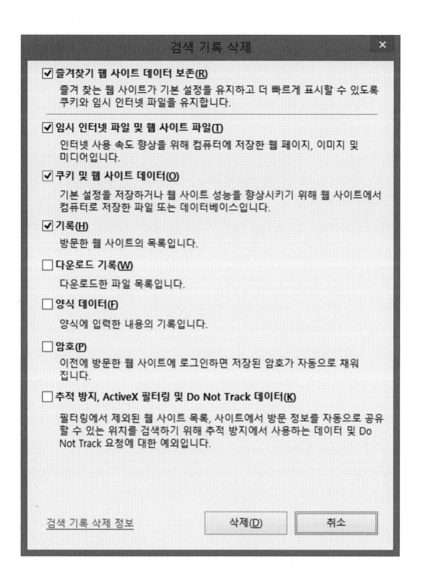

2) SmartScreen 필터

SmartScreen 필터는 Internet Explorer에 있는 기능으로 피싱 웹 사이트를 검색하고 불법, 바이러스, 사기 또는 악의적인 행위를 하는 프로그램인 악의적 소프트웨어가 설치되지 않도록 사용자를 보호할 수 있는 기능이다.

* 피싱(Phishing)이란
웹 사이트에서 개인 정보나 금융 정보 등을 공개하기 쉬운 은행, 신용카드 회사, 유명 온라인 판매업체 등의 유사 사이트를 만들고 이곳으로 유인한 후 개인 정보를 빼가는 행위이다.

또는 이런 신뢰할 수 있는 사이트에서 보내는 공지사항인 듯 가장하여 이메일을 보내어 계좌번호나 암호 등을 입력하도록 요구한다.

[도구] - [안전] - [Windows Defender SmartScreen 필터 켜기/끄기]

에서 필터 사용 및 해제를 할 수 있다.

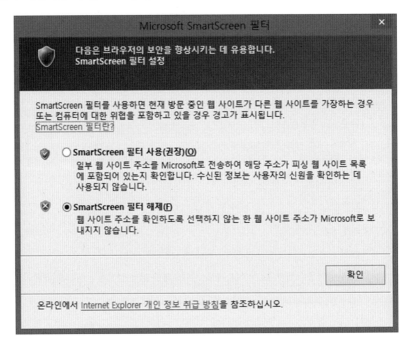

3) InPrivate 브라우징 사용하기

▉ InPrivate 브라우징의 개요

InPrivate 브라우징은 Internet Explorer에서 검색 흔적을 남기지 않고 웹을 검색할 수 있도록 하는 기능이다.

이 기능을 사용하면 사용자가 방문했거나 웹에서 조회한 내용을 알아볼 수 없게 된다.

▉ InPrivate 브라우징 시작하기

InPrivate 브라우징이 제공하는 보호 기능은 사용자가 해당 창을 사용하고 있는 동안 에만 유효하다.

해당 창에서 원하는 만큼의 탭을 열 수 있고 그 창 안에서의 모든 탭은 InPrivate 브라우징 기능으로 보호된다.

다른 브라우저 창을 새로 열면 열린 창은 InPrivate 브라우징 기능으로 보호되지 않는다.

InPrivate 브라우징을 시작하려면 [도구] – [안전] – [InPrivate 브라우징]을 클릭한다.

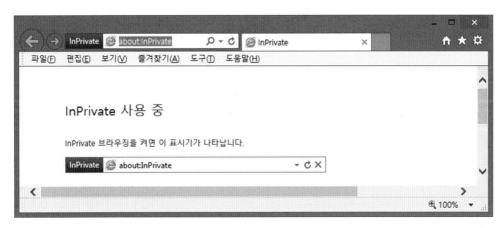

❙ InPrivate 브라우징 시작 화면

▪ InPrivate 브라우징 종료하기

InPrivate 브라우징 세션을 종료하려면 브라우저 창을 닫으면 된다.

InPrivate 브라우징을 사용하여 검색을 하는 동안은 Internet Explorer는 쿠키 및 임시 인터넷 정보 등을 저장하여 방문하는 동안 웹 페이지가 바르게 표시되도록 한다.

사용자가 InPrivate 브라우징 창을 닫게 되면 InPrivate 브라우징 세션이 끝나면서 모든 정보가 자동으로 폐기된다.

3. 인터넷 옵션 관리하기

1) 임시 인터넷 파일 설정하기

웹 페이지를 빠르게 불러오기 위해 Internet Explorer에서 웹 페이지, 이미지 및 미디어 복사본을 저장하는 방식을 설정할 수 있다.

▨ 저장된 페이지의 새 버전을 확인하는 방식

❶ 웹페이지를 열 때마다

웹페이지를 열 때마다 웹페이지의 새로운 내용을 웹서버에서 가져온다.

❷ Internet Explorer를 시작할 때마다

웹페이지의 새로운 내용을 브라우저를 열 때마다 가져온다.

❸ 자동으로

웹페이지의 새로운 내용을 자동으로 가져온다.

❹ 안함

웹페이지의 새버전을 확인하지 않고 복사본을 열어준다. 이 경우 웹페이지의 로딩 속도는 빠를 수 있으나 수시로 변경되는 정보를 얻어올 수 없다는 단점이 있다.

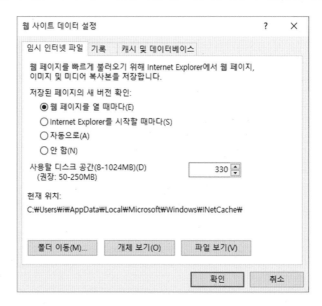

2) 신뢰할 수 있는 사이트 설정하기

컴퓨터나 파일을 손상시키지 않을 것으로 신뢰되는 사이트를 지정한다.

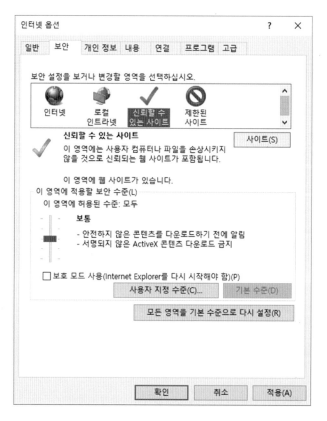

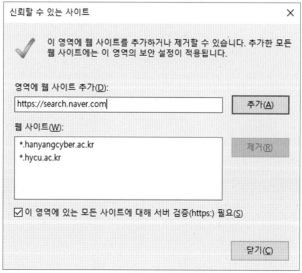

3) 인터넷 사이트 보안 설정

신뢰할 수 있는 사이트 및 제한된 사이트를 제외한 인터넷 웹 사이트의 보안 수준을 설정한다.

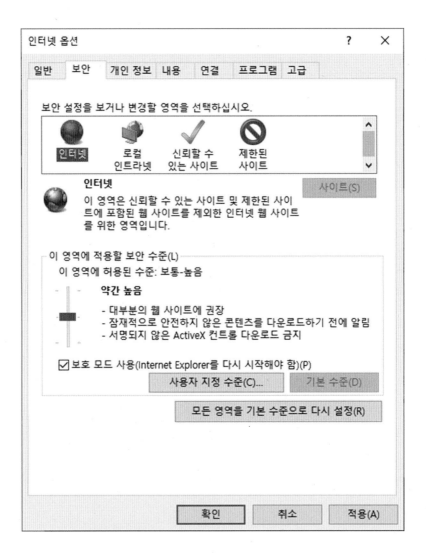

학습정리

1. 익스플로러 기본기능 익히기

즐겨찾기 추가/편집하기

원하는 키워드 찾기

팝업 차단 설정하기

홈페이지 설정하기

인쇄/페이지 설정하기

2. 인터넷 익스플로러 안전하게 사용하기

- 검색 기록 삭제하기

  임시 인터넷 파일

  쿠키

  열어본 웹 사이트 기록

  양식 및 암호

  다운로드 기록

- SmartScreen 필터

  피싱 사이트 검색

- InPrivate 브라우징 사용하기

  개인 정보 및 검색 기록 삭제한다.

  InPrivate 브라우징을 사용하는 동안은 Internet Explorer는 쿠키 및 임시 인터넷 정보 등을 저장하여 방문하는 동안 웹 페이지가 바르게 표시되도록 하다가 InPrivate 브라우징 창을 닫는 순간 모든 정보를 자동으로 폐기한다.

학습평가문제

1. 인터넷 익스플로러의 검색 기록의 유형이 아닌 것은?

   ① 임시 인터넷 파일   ② 양식 및 암호

   ③ 피드 목록   ④ 쿠키

2. 인터넷 익스플로러에서 피싱 웹 사이트를 검색하여 악의적 소프트웨어가 설치되지 않도록 보호할 수 있는 기능은 무엇인가?

   ① 피드

   ② 스마트 스크린 필터

   ③ InPrivate

   ④ 쿠키

3. 인터넷 익스플로러의 기능에 대한 설명 중 틀린 것은 ?

   ① [홈]버튼을 클릭했을 때 생성되는 홈페이지를 여러 개 창에 동시에 열 수 있다.

   ② 즐겨찾기 목록을 저장할 수 있다.

   ③ 즐겨찾기 목록을 파일로 저장할 수 있다.

   ④ [인터넷 옵션]에서 브라우저의 모든 환경 설정을 할 수 있다.

4. 웹 사이트의 화면을 인쇄하려고 한다. 설명이 틀린 것은 ?

   ① 용지 크기, 가로/세로 지정, 여백 지정 등을 할 수 있다.

   ② 배경색을 인쇄하지 않도록 설정할 수 있다.

   ③ 웹 사이트의 일부 텍스트만 인쇄하려면 '화면에 보이는 대로'를 선택해야 한다.

   ④ 머리글/바닥글에 웹 페이지 제목, URL, 날짜, 페이지 번호 등을 직접 입력할 수 있다.

5. 인터넷 익스플로러 11 [인터넷 옵션]에서 팝업 차단을 하는 방법에 대한 설명 중 틀린 것은?

① 원하는 사이트별로 팝업을 차단할 수 있다.

② 팝업을 허용할 사이트를 목록으로 만들면 이 목록에 있는 사이트는 항상 팝업이 허용된다.

③ 팝업을 차단하면 모든 웹 사이트의 팝업이 차단된다.

④ 팝업이 차단된 상태에서 일부 사이트들의 팝업을 허용할 수 있다.

6. 사용자의 설정을 위해 웹 사이트에서 사용자 컴퓨터에 저장해 놓은 1KB 분량의 로그인 정보를 무엇이라 하는가?

① 양식

② 암호

③ 필터

④ 쿠키

7. 웹 사이트에서 개인 정보나 금융 정보 등을 공개하기 쉬운 은행, 신용카드 회사, 유명 온라인 판매 업체 등의 유사 사이트를 만들고 이곳으로 유인한 후 개인 정보를 빼가는 행위이다. 이러한 행위를 무엇이라고 하는가?

8. 다음 중 개인정보보호 설정에 관한 기능으로 볼 수 없는 것은?

① 검색 기록 삭제하기

② 호환성 보기 설정하기

③ 팝업 차단하기

④ InPrivate 브라우징 사용하기

9. 다음 중 웹 브라우저에서 개인정보보호를 하기 위한 수단에 대한 설명이다. 종류가 다른 하나는 무엇인가?

① 사용자가 웹을 검색하는 동안 계속 작동한다.

② 의심스러운 웹 페이지를 분석하여 사용자에게 조언하는 메시지를 표시한다.

③ 사용자가 방문하는 사이트를 지정된 시간에 분석하여 피싱 사이트와 악성 소프트웨어 사이트 목록과 비교한다.

④ 악성 소프트웨어 사이트 찾으면 안전을 위해 사이트가 차단되었다는 것을 알리는 빨간 경고를 사용자에게 표시한다.

10. 다음 중 InPrivate 브라우징의 기능에 대한 설명이 바르지 못한 것은？

① InPrivate 브라우징이 제공하는 보호 기능은 사용자가 해당 창을 사용하고 있는 동안에만 유효하다.

② InPrivate 브라우징 창에서는 여러 개의 탭을 열 수 있다.

③ InPrivate 브라우징 창 안에서의 열린 모든 탭은 InPrivate 브라우징 기능으로 보호된다.

④ InPrivate 브라우징 창 안에서 여러 탭이 열려 있을 때에는 그중 한 탭만 닫아도 나머지 탭들은 InPrivate 브라우징으로 보호되지 않는다.

정답

1. ③   2. ②   3. ①   4. ③   5. ①   6. ④   7. 피싱   8. ②   9. ③   10. ④

CHAPTER 05

SNS와 인터넷 콘텐츠

학습목차

1. 정보 검색
2. 커뮤니케이션
3. 콘텐츠(Contents)

학습목표

• 정보 검색 엔진의 종류와 현황에 대해 학습할 수 있다.
• 블로그, 인스턴트 메신저, SNS 등에 대해 살펴볼 수 있다.
• 이러닝의 기술 및 최근 동향에 대해 살펴볼 수 있다.

1. 정보 검색

1) 검색 엔진의 개요

▌ 검색 엔진(Search Engine)

검색 엔진이란 웹 사이트에서 원하는 정보를 빠른 시간에 쉽게 찾을 수 있게 도와주는 프로그램이다.

인터넷에 올라와 있는 정보의 위치를 검색하고 저장해두었다가 사용자의 요구에 맞는 정보들을 가져다주는 프로그램 또는 웹 사이트를 말한다.

실질적인 정보 자체가 아닌 정보의 위치(URL)만을 가지고 있다.

주로 사용되는 검색 엔진으로는 Google, Nate, Daum, Naver, zum, Baidu, Bing, Yahoo 등이 있다.

2) 검색 엔진 사이트의 현황

▌ 국내 검색 서비스 현황

한국인터넷진흥원의 2015년 인터넷 백서의 검색 엔진 주요 동향에 대한 발표에 따르면, 이전에는 많은 자료들을 확보하려는 규모의 경쟁을 했다면 최근의 동향은 양적인 것보다는 모바일이나 SNS, 마이크로블로그 등을 활용한 범위를 넓힌 검색 서비스가 진행되고 있다.

또한 2018년부터는 모바일 중심의 검색 편의성 개선과 인공지능 및 딥러닝 등 다양한 기술과의 접목을 시도하고 있다.

▌ 전 세계 검색 서비스 분야 현황

모바일 검색의 급성장

검색 점유율 집중 현상

SNS와 검색 서비스의 결합 강화

■ PC 기반의 국내 주요 검색 엔진 QC 점유율 현황

아래 통계자료에 의하면, 2017, 2018년도 국내 주요 검색 포털의 QC(Query Count: 검색 횟수) 점유율을 보면, PC 검색 시장에서는 네이버와 다음, 구글 순으로 나타났다. 추이를 보면 2015년도에는 네이버가 77.0%였는데 해를 거듭할수록 다음과 구글이 차지하는 점유율이 높아지고 있음을 알 수 있다.

단위: %

■ 검색 QC 점유율 – PC(2017.6)

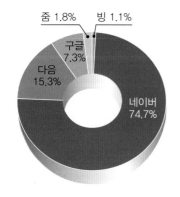

■ 검색 QC 점유율 – PC(2018.6)

출처: 닐슨코리아, www.koreanclick.com; 인터넷백서, 2018

■ PC 기반의 해외 주요 검색 엔진 QC 점유율 현황

2018년 6월 PC 기반 해외 주요 검색 엔진 중에서는 구글이 2017년 6월 대비 3.2%p 감소한 73.3%로 가장 높은 검색 QC 점유율을 차지했다. 바이두는 3.3%p 증가한 12.2%로 2위, 빙도 0.8%p 증가해 8.2%로 3위의 순위를 유지했다.

단위: %

■ 해외 검색 점유율 – PC(2017.6)

■ 해외 검색 점유율 – PC(2018.6)

출처: 닐슨코리아, www.koreanclick.com; 인터넷백서, 2018

▐ 모바일 기반의 국내 주요 검색 엔진 QC 점유율 현황

국내 모바일의 경우도 국내 PC에서와 같이 네이버, 다음, 구글 순으로 비슷한 QC 점유율을 차지하고 있다.

다만, 2018년도 PC 부문에서 8.6%였던 구글의 QC 점유율이 모바일에서는 15.1%로 거의 두 배 많아졌다는 것을 알 수 있다.

단위: %

▐ 검색 QC 점유율 – 모바일(2017.6)   ▐ 검색 QC 점유율 – 모바일(2018.6)

출처: 닐슨코리아, www.koreanclick.com; 인터넷백서, 2018

▐ 모바일 기반의 해외 주요 검색 엔진 QC 점유율 현황

모바일 기반 해외 검색 시장에서도 구글이 높은 점유율을 보이고 있으나 2017년 94.0%였던 점유율이 73.3%로 감소했음을 알 수 있다.

반면, 2017년에 2.1%였던 바이두 점유율이 2018년에 19.8%로 급격히 증가하고 있음을 알 수 있다.

단위: %

▐ 해외 검색 점유율 – 모바일(2017.6)   ▐ 해외 검색 점유율 – 모바일(2018.6)

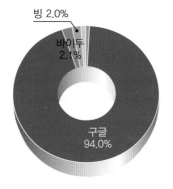
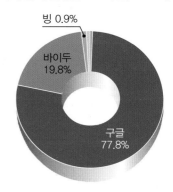

출처: Marketshare, marketshare.com; 인터넷백서, 2018

3) 정보 검색 서비스 동향

❶ 최근 정보 검색 서비스의 두드러진 특징은 모바일 분야에서 음성 검색, 음악 검색, 위치 기반 검색, 코드 검색과 같은 검색 편의 기능에 있어서 성능이 향상되었다는 점이다.

❷ 다음은 모바일을 중심으로 이용자 맥락을 반영한 검색 편의성 개선을 위한 기능을 강화하는 것으로 모바일 검색을 개편하였다.

❸ 대다수 국민이 활용하는 카카오톡과 연동을 강화해 검색 결과를 카카오톡으로 바로 공유할 수 있는 기능을 추가해 모바일 내 검색 환경에 적합한 방향으로 편의성을 개선했다.

❹ 네이버도 검색 랭킹을 결정하는 'C-Rank' 알고리즘을 보다 고도화시켜 '맛집', '여행' 모바일 검색을 우선 적용시켰다.

2. 커뮤니케이션

인터넷 기반 커뮤니케이션 서비스로는 이메일, 블로그, 인스턴트 메신저, SNS 등이 있다.

이러한 서비스를 통해 실시간 소통, 인적 네트워크 형성, 정보 획득 및 관심사 공유 등 다양한 목적으로 복수의 커뮤니케이션 서비스를 이용한다.

특히 스마트폰 이용자들이 점점 증가하면서 PC 웹 기반 커뮤니케이션 서비스는 점차 감소하고 있다.

페이스북이나 트위터 등과 같은 글로벌 SNS들은 한 발 앞서서 모바일 대응을 하기 시작했다.

또한 일부 SNS 사용자들은 넘쳐나는 정보와 너무 많고 복잡한 관계 때문에 피곤해지기 시작했다.

모바일의 작은 화면으로는 넘쳐나는 사진, 동영상, 음악 등의 정보들을 제대로 볼 수 없었다.

이런 불편함을 없애고 모바일에 맞는 새로운 SNS(폐쇄형 SNS, 버티컬 SNS)들이 등장하기 시작했다.

1) SNS

■ SNS의 개요

SNS(Social Network Service)는 사회적 관계를 맺고 있는 사람들과 관심, 취미, 정보 등을 공유하기 위한 온라인 플랫폼이다. SNS에서는 기본적으로 자신의 프로필을 등록해야 하고 그 외에 자신이 알고 지내는 사람들뿐만 아니라 친구의 친구로도 링크가 걸려있어 더 폭넓은 사회적 인간 관계를 형성하기가 쉽다.

대부분의 SNS는 웹 기반으로 이메일이나 인스턴트 메시징을 통해 상호 교류한다.

대표적인 온라인 SNS는 페이스북(Facebook), 마이 스페이스(MySpace), 트위터(Twitter), Badoo 등 전 세계적으로 많은 SNS가 서비스되고 있다.

■ SNS의 파급 효과

SNS는 인터넷을 통해 전 세계인이 함께 생각하고 관심사를 나누는 공존의 특징이 있다.

정치적으로나 경제적으로나 그리고 인종을 초월하고 국경을 넘어서 전 세계에 미치는 영향이 매우 크다.

반면, 단점도 가지고 있다.

개인의 정보가 내가 알지 못하는 타인들에게까지 공개되어 개인의 프라이버시가 침해 당하기 쉽다.

공개된 개인의 정보들이 제 3자에게 수집되어 악의적으로 사용될 수 있다.

현대인들 특히 젊은 층에서는 사람과의 의사 소통의 많은 부분이 SNS에서 이루어지고 있어 실제 사람들과의 의사 소통은 소홀히 될 수 있다.

■ 폐쇄형 SNS

SNS에서 '너무 많은 무분별한 정보'로 인한 피로도와 개인 정보 유출을 우려하여 너무 많은 관계로 인한 문제를 해결하기 위해 '폐쇄형 SNS'가 등장했다.

이 서비스는 자신의 글을 모두에게 공개하지 않고 자신이 선택한 사람에게만 공유하도록 하는 것이다.

예: '밴드', '카카오그룹'

🔘 버티컬 SNS

SNS에서 '너무 많은 정보' 때문에 발생하는 문제를 해결하기 위한 서비스가 '버티컬 SNS'이다.

즉, 한 분야의 정보만 다루는 것이다.

예: 사진으로만 감정을 표현하는 카카오스토리, 인스타그램

10, 20대는 페이스북을 중심으로 '개방형 SNS'를 주로 이용하는 경향이 있고

40, 50대는 카카오스토리, 네이버 밴드를 중심으로 '폐쇄형 SNS'를 이용하는 경향이 있다.

🔘 SNS의 이용 현황

국내 PC 및 안드로이드 스마트폰 인터넷 이용자 중 최근 한 달 내 SNS를 이용한 사람은 77.8%였으며, 1인당 월평균 이용 시간은 388.9분으로 나타났다.

전체 SNS 이용 시간 중 모바일을 통한 이용이 96.9%를 차지해 PC보다는 모바일을 통한 SNS 이용이 보편화한 것으로 나타났다.

▎디바이스별 SNS 이용 현황(2018.6 기준)

디바이스	순 이용자 수 (천 명)	도달률 (%)	총 이용 시간 (백만 분)	총 이용 시간 비중 (%)	월평균 이용 시간 (분)
PC+모바일	30,260	77.8	11,769	100	388.9
PC	13,422	42.6	367	3.1	27.4
모바일(①+②)	25,397	82.8	11,401	96.9	448.9
① 모바일WEB	8,132	26.5	131	1.1	16.1
② 모바일APP	24,042	78.4	11,271	95.8	468.8

출처: 닐슨코리아, www.koreanclick.com; 인터넷백서 2018
* 모바일은 안드로이드폰 이용자에 한해 측정함

이용자 규모가 큰 중장년층에게 인기인 '밴드'가 가장 많은 이용자를 확보했으며, 뒤이어 '카카오스토리', '페이스북', '인스타그램', '트위터' 순으로 많은 이용자를 확보했다.

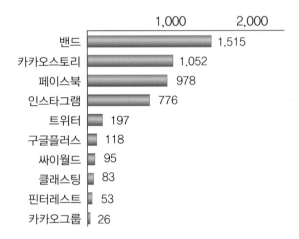

단위: 만 명

서비스	이용자 수
밴드	1,515
카카오스토리	1,052
페이스북	978
인스타그램	776
트위터	197
구글플러스	118
싸이월드	95
클래스팅	83
핀터레스트	53
카카오그룹	26

▎Top 10 서비스 순 이용자 수(2018. 6 기준)

출처: 닐슨코리아, www.koreanclick.com; 인터넷백서 2018

▥ 향후 전망

2018년 국내 커뮤니케이션 서비스 분야에서는 이용자 규모를 확보한 상위권 사업자를 중심으로 서비스 이용 시간을 늘리고 추가 수익을 올리기 위해 가상현실(VR)/증강현실(AR), 빅데이터, 인공지능 등 기술을 기존 서비스에 적용해 기술 기반 플랫폼을 완성해가는 시도를 진행하고 있다.

2) 블로그

블로그란 웹(Web)과 로그(log)의 합성어인 웹로그(Weblog)의 줄임말로서 인터넷에 자신의 관심사에 대한 내용을 올리는 개방형 개인 커뮤니티 사이트를 지칭한다.

1999년 피터 메어홀츠(Peter Merholz)라는 사람이 처음으로 "We blog"라는 말을 사용했고 후에 "블로그"로 변하였다.

새로운 글이 가장 위로 올라오는 일지 형식으로 일반 커뮤니티 게시판과는 다르게 콘텐츠 중심으로 구성되어 있어 더 많은 커뮤니티 기능이 가능하다.

▌ 오픈소스 블로그

오픈소스 블로그란 블로그 소프트웨어를 자신의 웹 계정에 설치해 사용하는 블로그를 말한다.

국내에서 가장 많이 사용하는 오픈소스 블로그는 "텍스트큐브"이다.

● 장점: 모든 면에서 편집이 자유롭다.

● 단점: 특별한 설치 과정이 필요하고 도메인, 호스팅이 필요하다.

● 특징

　- 블로그 주소의 자유: "www.자신의 아이디.com"

　- 디자인의 자유: 정해진 프레임(레이아웃)을 사용하지 않고 본인이 직접 디자인할 수 있다.

　- 콘텐츠의 자유: 특정 서비스에 가입하지 않아 지켜야 할 약관이 없어 설치할 콘텐츠에 제약이 없다.

　- 콘텐츠 백업: 블로그에 올려놓은 모든 자료를 한꺼번에 내컴퓨터로 내려받을 수 있다.

▌ 가입형 블로그

포털사이트에서 제공하고 있는 블로그 서비스를 의미하는 것으로 블로그를 서비스하는 사이트에 회원가입하게 되면 별도의 블로그 신청을 하지 않아도 자신의 블로그 페이지가 생성된다.

가입한 서비스 주소 체계에 따르는 주소를 사용한다.

　- "blog.서비스주소.com/자신의 아이디"

● 장점

　HTML이나 CSS 등을 잘 몰라도 쉽게 블로그를 시작할 수 있다.

　블로그 레이아웃이나 스킨 디자인도 선택만 하면 되어 제작이 쉽다.

● 단점

　블로그 사용 용량에 제한이 있다.

　블로그에 올려놓은 정보들을 백업할 수 없다.

3) 마이크로블로그

▌ 개요

미니블로그(miniblog)라고도 불리는 블로그 서비스의 일종이다.

마이크로블로그는 150자 내외의 단문 메시지로 자신의 생각이나 주요 이슈들을 공유하는 블로그이다.

마이스페이스나 페이스북 등과 같은 '프로필 기반 서비스'가 1세대 SNS라면, 마이크로블로그는 2세대 SNS라고 할 수 있다. (인터넷백서, 2016)

● 프로필 기반 서비스

프로필 기반 서비스란 나이 또는 연령 등 개인 정보 외에 사진, 동영상 등이 메인 페이지에 '프로필'로 공개되고 이를 기반으로 인맥 형성을 하여 정보를 공유하는 방식이다.

▌ 마이크로블로그의 특징

마이크로블로그는 블로그, 미니홈피와 메신저의 장점을 모아 놓은 서비스라 할 수 있다.

블로그나 미니홈피 등은 업로드하는데 시간이 많이 소요되는 반면, 마이크로블로그는 짧은 텍스트로 쓰기와 읽기에 대한 부담이 없다는 장점이 있다.

모바일 기기와 연동하여 수시로 메시지를 작성하고 업로드한다.

대표적인 마이크로블로그로 트위터가 있다.

최근 포털사이트는 물론 방송사, 신문사, 통신사, 쇼핑몰까지도 마이크로블로그나 프로필 기반 서비스를 연동하여 정부, 공공기관뿐만 아니라 정치인, 연예인 등이 마케팅이나 홍보 수단으로 이용하면서 SNS의 인기는 폭발적으로 증가하고 있다.

▌ 트위터

140자 이내 단문 메시지를 즉각적으로 전송하면서 실시간 의사소통이 가능하다.

상대방의 허락 없이 일방적인 팔로우 신청으로 인맥관계를 형성하기 때문에 모르는 사람과의 관계 형성이 쉽다.

따라서 개인사보다는 사회적 이슈와 공감대 형성을 위한 의견을 도모한다.

자신을 팔로어(follower)로 등록한 불특정 다수에게 일괄적으로 메시지를 전달하고 댓글을 바로 확인할 수 있다.

트위터는 이용자가 팔로우한 작성자의 메시지를 전달받고 수정하여 다시 팔로어들에게 리트윗(retweet)할 수 있다.

3. 콘텐츠(Contents)

1) e 러닝

■ e-러닝의 개요

이러닝(e-Learning)은 정보통신 기술(CD-ROM, 인트라넷, 인터넷)을 이용하여 시간과 장소에 구애받지 않고 학습이 가능한 교육 활동을 의미한다.

인터넷 학습, 웹 기반 학습, 사이버 학습, 원격 학습, 전자 학습 등으로도 불린다.

국내 이러닝 공급시장 규모는 매년 꾸준히 증가해 2016년 대비 2017년 이러닝 이용률은 약 58.9%로 나타났다.

❙ 국내 지식 정보(이러닝) 산업 현황   단위: 개, 억 원, %, %p

구분	2013	2014	2015	2016	2017	2016년 대비 증감률
사업자 수	1,649	1,691	1,765	1,639	1,680	2.5
공급시장 규모	29,470	32,141	34,851	34,875	36,992	6.1
개인 이러닝 이용률	57.1	57.6	58.2	58.7	58.9	0.2

출처: 정보통신산업진흥원, 2017년 이러닝 산업 실태조사, 2018 (재구성)

우리나라는 2004년부터 "e-러닝산업발전법"을 제정하여 초, 중, 고, 대학 및 평생교육 분야뿐만 아니라 행정안전부의 공무원들을 위한 사이버교육, 노동부의 직업훈련 분야

등에서 e-러닝산업 육성 교육을 시작하였다.

2017년에 시작한 제 3차 기본계획은 2019년 초중등 교육과정에 SW 교육을 의무화하였고 관련된 교육과정 설계, 콘텐츠 제공 등에 힘쓰고 있다.

또한 4차 산업혁명을 이끌 인재 양성을 위해 가상, 증강현실 기술 등을 활용한 가상훈련 보급을 확대하고 100세 시대 직업 능력 및 재교육 강화를 위해 직업훈련 MOOC를 운영하고 있다.

출처: kmooc.kr

▣ e-러닝의 특징

비대면 학습 방식 – 수업을 받기 위해 직접 교실에 참가하지 않는 반면 실습 수업은 할 수 없다.

자기주도적 학습 – 정해진 시간에 수업을 받는 것이 아니라 자기가 원하는 시간에 학습한다.

개인화된 맞춤형 교육 – 일률적인 강의를 공동으로 학습하지 않고 학습자가 원하고 필요한 수업만을 선택해서 학습할 수 있다.

■ e-러닝 산업 현황

최근 IT 기술의 발달과 웹 서비스의 발달로 e-러닝은 시스템 효율성과 콘텐츠의 질을 높이는 방향으로 그 패러다임이 변화하고 있다.

최근 스마트폰, 태블릿PC 등의 보급과 함께 학습기기가 PC 위주에서 스마트폰, 태블릿PC 등 개인기기로 확장되면서 시간, 장소에 제약 없는 개별화, 맞춤화된 스마트러닝이 활성화되고 있다.

학습자 중심, 다자 간 커뮤니티 활동, 멘토, 풀(pull)형 콘텐츠 제공 등의 특성이 두드러지고 있다.

에듀테크, 즉, 기술을 통한 교육의 혁신으로 인공지능과 로봇 그리고 교육내용이 융합되는 융합형 교육이 확산되고 있다.

■ e-러닝 관련 기술

이러닝 관련하여 콘텐츠를 개발하는 기술과 이용자의 학업관리를 위한 시스템 기술, 그리고 전자칠판과 같은 하드웨어 등의 기술들이 발전해왔다.

또한 단방향이 아닌 이용자와 상호작용할 수 있는 기술 등이 개발되었다.

그 외에 가상현실과 증강현실을 이용한 다양한 콘텐츠들이 개발되고 있다.

- **가상현실(Virtual Reality)** – 애니메이션이나 칠판 동영상, 다양한 교수 설계 기법으로 현장감을 살리는 수업 방식에 활용한다.
  최근 '증강현실' 기술이 더해서 물리적 현실공간에 컴퓨터 기술로 가상의 객체, 소리, 동영상과 같은 멀티미디어 요소를 증강시켜 학습자에게 현실감, 몰입감을 증가시켜 학습효과를 높인다.

- **시뮬레이션 기반 콘텐츠** – 자동차, 비행기 조종 훈련 등 실제 상황에서는 구현하기 어려운 부분을 가상적으로 수행시키거나 결과를 예측하는 기술로 현장 실습이 필요한 경우 모의 실험 기법을 활용한다. 최근에는 인체 추적, 영상 합성, 제스처 인식 등의 기술이 개발되고 있다.

❙ 미국 해군에서 이용되는 VR 낙하산 훈련기

출처: 위키백과

최근에는 스마트폰, 태블릿PC, 3DTV 등 스마트기기 확산과 함께 '소셜러닝'이 활성화되고 가상현실(AV: Augmented Virtuality) 등 신기술을 스마트기기에 적용하는 기술이 개발되고 있다.

* 혼합현실기술

AV 기술이나 AR 기술 등을 이용해 가상과 현실이 3차원으로 실시간으로 정확하게 정합이 이루어지는 기술을 말한다.

AV(Augmented Virtuality, 가상현실) – 가상 환경을 기반으로 실제 오브젝트를 합성하여 가상 환경의 현실감을 향상시키는 것을 말한다.

AR(Augmented Reality, 증강현실) – 실제 환경에 가상 오브젝트를 합성하여 실제 환경에 대한 현실감을 향상시키는 것을 의미한다.

예) 포켓몬go

2) 웹툰/웹소설

▮ 웹툰

문화체육관광부가 공개한 2017 콘텐츠산업 통계조사 보고서를 보면 2016년 국내 만화산업 매출액 중 온라인 만화 제작 유통업이 연평균 21.0% 증가했고 온라인 만화 제작 유통업 중 인터넷 만화 콘텐츠 서비스 부분의 비중이 꾸준히 증가해 2016년에 60.9%를 차지하였다.

소분류	2014	2015	2016	매출 비중 (%)	전년대비 증감률(%)	연평균 증감률(%)
인터넷 · 모바일 만화 콘텐츠 제작 및 제공(CP)	21,564	25,578	27,255	18.4	6.6	12.4
인터넷 만화 콘텐츠 서비스	59,482	73,852	90,226	60.9	22.2	23.2
모바일 만화 콘텐츠 서비스	20,153	24,458	30,662	20.7	25.4	23.3
합 계	101,199	123,888	148,143	100.0	19.6	21.0

출처: 문화체육관광부, 2017 콘텐츠산업 통계조사, 2018

웹툰을 콘텐츠의 원천으로 이용하는 사례가 늘면서 웹툰 IP를 활용해 영상으로 만드는 엔터테인먼트 비즈니스까지 확대되고 있다.

웹툰은 모바일 기기로 쉽게 이용할 수 있다는 장점으로 해외 시장 대상 서비스도 진행되고 있다.

국내 웹툰 플랫폼에는 네이버의 '라인웹툰', 카카오의 '다음웹툰', 그 외에 레진코믹스, 탑툰 등이 있다.

웹툰이 제작과 유통을 합쳐 도서유통시장을 거치지 않고 이용자에게 바로 서비스하는 형식으로 웹툰 붐을 일으키고 있다.

그러나 웹툰 생산과 소비시장이 커짐에도 불구하고 유료 웹툰의 불법 유통 등 여러 이유로 수익을 내기가 어려운 상황이다.

▉ 웹소설

웹소설이란 네이버나 카카오 등 웹소설 전용 플랫폼이나 카페, 블로그 등을 통해 웹에서 연재하고 소비하는 형태의 소설을 의미한다.

웹소설이 E-Book과 다른 점은 E-Book은 한 번에 책의 모든 내용을 구매해야 하지만 웹소설은 1편 5분 정도의 짧은 시간에 읽을 수 있는 분량으로 소설을 나눠 판매하는 방식이다.

국내 웹소설은 과거 PC 통신에서 연재하던 소설 방식이 계속 이어져 웹소설 연재 플랫폼이 인기를 얻고 있다.

플랫폼 매출액을 토대로 50억 원 이상 매출액을 내는 플랫폼의 유료회원 비율은 17%이다.

▌웹소설 플랫폼 가입자 현황

범위 (매출액 기준)	총회원	유료회원 비율
50억 원 이상	733,333	17.0%
10억~50억 원 미만	638,667	19.0%
5억~10억 원 미만	300,000	10.0%

출처: 한국출판문화산업진흥원, 웹소설 산업 실태조사 보고서, 2018 (재구성)

웹소설 산업 현황을 보면 2017년 플랫폼 업체의 평균 유통 작품이 82,322편이고 매출액이 50억 원 이상이 플랫폼의 1일 평균 조회수가 5,885,000회이고 월 평균 작품 등록건이 40,000건이 된다.

▌웹소설 플랫폼 현황

범위 (매출액 기준)	평균 유통 작품	1일 평균 조회	등록 웹소설 작가	월평균 작품 등록건
50억 원 이상	245,000편	5,885,000회	18,500명	40,000건
10억~50억 원 미만	1,200편	101,500회	1,250명	125건

출처: 한국출판문화산업진흥원, 웹소설 산업 실태조사 보고서, 2018 (재구성)

학습정리

1. 검색 엔진(Search Engine)

　　모바일 검색의 급성장

　　검색 점유율 집중 현상

　　SNS와 검색 서비스의 결합 강화

2. SNS의 파급 효과

　　전 세계인이 함께 생각하고 관심사를 나누는 공존의 특징이 있다.

　　개인의 정보가 공개되어 개인의 프라이버시가 침해당하기 쉽다.

　　공개된 개인의 정보들이 제 3자에게 수집되어 악의적으로 사용될 수 있다.

　　실제 사람들과의 의사 소통은 소홀히 될 수 있다.

　• 버티컬 SNS
　　'너무 많은 정보'로 인한 피로도를 줄여주기 위함
　　예: 카카오스토리, 인스타그램

　• 폐쇄형 SNS
　　'너무 많은 관계'로 인한 혼란을 줄여주기 위함
　　예: 밴드, 카카오그룹

3. 블로그

	오픈소스 블로그	가입형 블로그
도메인, 호스팅	반드시 필요하다.	필요하지 않다.
정보 백업	한번에 백업할 수 있다.	백업이 불가능하다.
디자인	자유롭게 한다.	주어진 것들 중 선택한다.
블로그 주소	www.자신의 아이디.com	blog.서비스주소.com/자신의 아이디

4. 마이크로블로그

짧은 텍스트를 이용하여 단편적 정보를 실시간으로 전달하는 새로운 통신 방식이다.

최근 마케팅이나 홍보수단으로 활용되고 있다.

대표적인 마이크로블로그로는 트위터, Naver의 미투데이, 다음(Daum)의 요즘, 네이트의 커넥트, SK텔레콤의 토씨 등이 있다.

5. 콘텐츠(Contents)

- e러닝
  학습자 중심, 다자 간 커뮤니티 활동, 멘토, 풀(pull)형 콘텐츠 제공 등의 특성
  혼합현실기술, 증강현실기법

- 웹툰/웹소설
  웹툰이나 웹소설의 영상화로 엔터테인먼트 비즈니스가 확대

학습평가문제

1. e-러닝에 대한 설명 중 틀린 것은?

① 비대면 학습 방식

② 인적자원의 질적 향상

③ 지역간 계층간 지식 격차 확대

④ 공교육의 보완적 역할

2. 전 세계 검색 서비스 분야 현황에 대해 잘못 설명한 것은 ?

① 모바일 검색의 급성장

② 다운로드 방식 집중

③ 검색 점유율 집중 현상

④ SNS와 검색 서비스의 결합 강화

3. e-러닝의 새로운 패러다임이 아닌 것은?

① 멘토

② Pull 형 콘텐츠

③ 교육자 중심

④ 다자 간 커뮤니티 활동

4. 다음 중 블로그에 대한 설명 중 틀린 것은?

   ① 일지 형식으로 되어 있다.

   ② 폐쇄형 개인 커뮤니티 사이트를 지칭한다.

   ③ 웹과 로그의 합성어인 웹로그의 줄임말이다.

   ④ 콘텐츠 중심의 사이버 커뮤니티이다.

5. 다음 중 블로그에 대한 설명 중 그 종류가 다른 하나는?

   ① 특별한 소프트웨어 설치 과정이 필요하다.

   ② 도메인과 호스팅이 필요하다.

   ③ 블로그에 올려놓은 정보들을 백업할 수 없다.

   ④ www.자신의 아이디.com이 자신의 블로그 주소가 된다.

6. 마이크로블로그가 블로그와 다른 점이 아닌 것은 무엇인가?

   ① 업로드 시간이 짧다.

   ② 모바일 기기를 사용한다.

   ③ 단편적 정보를 실시간 전달하는 형식이다.

   ④ 웹상에서 지인들과의 인간 관계를 형성할 수 있다.

7. 대표적인 온라인 소셜 네트워크 서비스(SNS) 세 가지를 나열하시오.

8. 다음 SNS에 대한 설명 중 종류가 다른 하나는 무엇인가?

① 무분별한 정보로 인한 피로도로 인한 문제를 해결하기 위해 등장했다.

② 밴드, 카카오그룹 등이 있다.

③ 한 분야의 정보로만 소통한다.

④ 개인 정보 유출을 우려하여 등장했다.

9. 시뮬레이션 기반 콘텐츠에 대한 설명이 틀린 것은 무엇인가?

① 자동차, 비행기 조종 훈련 등 실제 상황에서는 구현하기 어려운 부분에 적용

② 직접 실험 기법을 활용

③ 인체 추적, 영상 합성, 제스처 인식 등의 기술이 개발

④ 가상현실(AV: Augmented Virtuality) 등 신기술을 스마트기기에 적용하는 기술이 개발

10. 웹툰이나 웹소설에 대한 최근 동향과 관계가 없는 것은 무엇인가?

① 카페나 블로그를 통해서 연재된다.

② 자유롭게 제작된 후 도서 유통을 거쳐 판매된다.

③ 모바일 기기로 쉽게 이용할 수 있다.

④ 웹소설은 짧은 분량을 나누어서 판매한다.

정답

1. ③   2. ②   3. ③   4. ②   5. ③   6. ④
7. 페이스북(Facebook), 마이 스페이스(MySpace), 트위터(Twitter), Badoo, Cyworld
8. ③ (해설: ③은 버티컬SNS에 대한 예이다)   9. ② (해설: 모의 실험을 활용)   10. ②

인터넷과 비즈니스

학습목표

- 다양한 인터넷 비즈니스의 유형 및 특징에 대해 학습할 수 있다.
- 전자상거래의 특징과 거래 동향에 대해 살펴볼 수 있다.
- 공유경제의 이점과 폐단에 대해서 이해할 수 있다.
- 전자정부 서비스의 종류와 역할에 대해 학습할 수 있다.

1. 인터넷 산업

1) 인터넷 산업 분류

한국정보통신진흥협회에 따르면, 2018년 인터넷 산업을 재분류하였다.

대분류로 보면 정보통신방송 기기 산업, 정보통신 방송 서비스 산업, SW 및 디지털콘텐츠산업으로 분류된다.

한국인터넷진흥원의 인터넷 산업 분류표를 보면 다음과 같다.

❙ 인터넷 산업의 분류

대분류	중분류	소분류/세분류
정보통신 방송기기	컴퓨터 및 주변기기	컴퓨터, 디스플레이장치, 저장매체
	통신 및 방송기기	무선통신기기
정보통신 방송 서비스	통신서비스	유무선 통신서비스, 전화, 백본, 초고속망, 무선데이터통신, 회선설비, 중개서비스
	방송서비스	유료방송서비스, IPTV서비스
	정보서비스	정보처리, 호스팅, 광고제공, 인터넷정보제공서비스
SW 및 DC	Package SW	운영체제. 콘텐츠 관련, 금융 SW
	Game SW	모바일게임, PC게임, 아케이드게임
	IT 서비스	IT컨설팅, IT시스템설계 및 개발
	Embeded SW	임베디드 OS, SW, 임베디드SW 플랫폼
	Digital Contents 개발, 제작	e-book, 디지털 애니메이션, 인터넷음악, e-learning

출처: 인터넷백서, 한국인터넷진흥원, 2018 (재구성)

2) 인터넷 산업 현황

최근 Giga 인터넷망이 구축되어 대용량 초고화질 영상을 인터넷으로 실시간 시청할 수 있고 클라우드와 빅데이터, 사물인터넷 등에 기업들의 투자가 집중되면서 4차 산업 혁명과 관련된 새로운 산업(ICBM-IoT, Cloud, Big Data, Mobile)의 규모가 점점 커질 것으로 예상되고 있다.

2017년 정보통신방송 기기 분야는 52종 450억 원으로 전체의 39% 비율로 추정되고 이중 컴퓨터 및 주변기기 시작 규모는 약 12조 원으로 23%를 차지하고 휴대단말기 시장 규모가 나머지 77%를 차지하는 것으로 봐서 인터넷 단말기 시장 구조가 PC 중심에서 모바일 중심으로 바뀌었음을 알 수 있다.

정보통신방송 서비스 산업 규모는 2017년 인터넷 산업 전체의 22%를 차지하였고 정보통신방송 서비스 중 유ㆍ무선 인터넷 서비스가 25%를 차지했고 정보서비스가 전체의 65%를 차지했다.

소프트웨어 및 디지털콘텐츠 산업은 인터넷 산업 전체의 39%를 차지했고 그중 게임소프트웨어가 20%, IT 서비스가 64%를 차지했다.

❙ 국내 인터넷 산업 매출액 현황　　　　　　　　　　　　　　　단위: 십억 원, %

구분	2017년		
정보통신방송 기기산업	52,045 (39%)	컴퓨터 및 주변기기	11,941 (23%)
		통신 및 방송기기(휴대단말기)	40,103 (77%)
정보통신방송 서비스 산업	29,435 (22%)	통신 서비스(유ㆍ무선인터넷)	7,357 (25%)
		정보 서비스	19,074 (65%)
소프트웨어 및 디지털콘텐츠 산업	52,623 (39%)	게임 소프트웨어	10,778 (20%)
		IT서비스	33,932 (64%)
		기타	7,913 (16%)

출처: 한국정보통신진흥협회, ICT 주요 품목 동향조사, 2017(재구성), 2018

2. 전자상거래

1) 전자상거래

전자상거래(Electronic-Commerce: EC)란 개인, 기업, 정부 등의 경제주체 간에 인터넷을 이용하여 상품 및 서비스를 교환하는 상거래를 의미한다.

전자상거래는 e-비즈니스 용어와 종종 맞바꾸어 사용하기도 하지만 "e-비즈니스"가 좀 더 넓은 의미로 사용되고 있다.

2) 전자상거래의 유형

■ 거래 주체별 유형

B2C(Business to Consumer) – 기업과 소비자 간 전자상거래

G2C(Government to Consumer) – 정부와 소비자 간 전자상거래

B2G(Business to Government) – 기업과 정부 간 전자상거래

C2C(Consumer to Consumer) – 소비자 간 전자상거래

B2B(Business to Business) – 기업 간 전자상거래

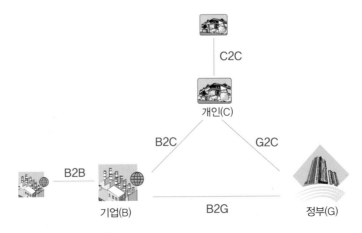

❘ 거래 주체별 전자상거래 모델 유형

3) 전자상거래의 특징

▌ 기업의 효율성 향상

온라인으로 거래를 하면 중간 유통과정이 많이 줄어 들고 기업의 입장에서는 **비용절감 효과**를 얻을 수 있다.

온라인 거래 시 오프라인 매장이 필요 없고 더불어 매장 관리 직원도 필요 없다.

유통과 매장 관리 비용 절감으로 비용 감소로 인한 재화 및 서비스의 가격 하락을 유도하여 더 많은 상품을 판매할 수 있는 기회가 생긴다.

▌ 소비자 가격 만족

오프라인 매장 가격에 비해 기업의 비용절감으로 인한 온라인 **판매 가격 하락**은 소비자들에게 구입가격 하락으로 인한 만족 효과를 누리게 한다.

▌ 시간, 공간의 자유

오프라인 매장은 매장 업무 시간과 특정 지역 판매라는 공간의 제약이 있었으나 온라인 판매는 시간, 공간에 대해 자유롭고 편리하게 온라인 매장을 이용할 수 있다.

더불어 시 · 공간의 자유는 기업의 국제화에도 상당한 기여를 한다.

▌ 소비자의 수요에 즉각적 대응

대부분의 온라인 매장은 회원제로 운영되고 있고 이로 인해 기업은 고객 정보 획득이 쉬워지고 더불어 소비자를 대상으로 좀 더 나은 맞춤 고객 서비스나 마케팅을 할 수 있다.

▌ 저렴한 창업 자본

기존의 오프라인 기업에 비해 창업 시 매장이나 직원 고용에 대한 부담이 없어 소자본으로 창업을 할 수 있다.

4) 국내 전자상거래의 주요 동향

❶ 2014년부터 4년 동안 온라인 쇼핑 거래액은 매년 평균 19%의 성장률을 보였고 전체 거래액 중 소비재 거래 비중이 꾸준히 증가했다.

❷ 2017년은 전체 온라인 쇼핑 거래액 중 모바일 쇼핑 거래액이 47조 8천억 원으로 전체 온라인 쇼핑 거래액의 61.1%를 차지했다.

❸ 국경 간 전자상거래가 급증 – 인터넷 속도가 빨라지고 물류 서비스가 발전하면서 해외 직구, 역직구가 늘어나고 있다.
국가별 해외 직접 판매액 구성비를 보면 중국이 78.5%, 미국 6.1%, 일본 4.7%로 중국 소비자 구매력이 가장 높았다. 이는 무역 분쟁과 다소 긴장된 국제 정세에도 불구하고 K-POP 등 한류의 문화 콘텐츠 소비가 증가했기 때문이다.
반면, 해외 직접 구매액은 미국이 57.4%, EU가 21.3%, 중국이 11.5%, 일본이 7.5% 순이었다. (출처: 인터넷백서 2018, p114)

3. 데이터 경제

사회 전반에서 데이터를 산업이나 정책에 활용하면서 새로운 경쟁 비즈니스가 생성되기 시작했다.

데이터 경제란 데이터를 생산하고 정제, 가공 그리고 유통시켜 가공된 데이터를 기업이나 공공분야에 활용하고 소비자들은 데이터 기반 혁신 서비스를 활용하면서 새로운 경제 가치가 만들어지는 일련의 과정을 의미한다.

한국데이터진흥원이 조사한 데이터 산업 시장은 데이터 솔루션, 데이터 구축, 컨설팅, 데이터 서비스 부문으로 나뉜다.

데이터 솔루션 시장은 데이터 수집, 설계, 데이터관리, 데이터 플랫폼 등이 포함되며 데이터 구축 · 컨설팅 시장은 데이터 처리, DB 설계 · 구축 등이 포함된다. 데이터 서비스 시장은 데이터 거래, 정보제공, 분석 제공 서비스를 포함하며 세 분야 중 가장 비중이 크다.

국내 빅데이터 시장의 경우 공공분야에서는 빅데이터의 적극적 도입과 예산 증액으로 전체 빅데이터에서 차지하는 비중이 증가하였다.

반면, 민간 분야는 은행, 보험, 카드 등을 중심으로 빅데이터 플랫폼과 인공지능 기반 챗봇 서비스 구축이 활발히 진행되고 있다.

해외 빅데이터 시장의 경우 세계 10대 기업 중 구글, 아마존 등 7개 기업이 데이터 기반 기업으로 나타났고 이미 데이터 중심으로 조직을 바꾸고 있다.

시장조사기관IDC에 의하면 전 세계에서 생산되는 데이터의 총량은 2016년에 비해 10배(136 Zeta Byte) 정도로 증가할 것으로 예상했다.

데이터는 4차 산업혁명의 핵심 요소로 세계 주요국들은 데이터 기반 패러다임을 표방하며 데이터 기반 산업에 속도를 내고 있는 반면 우리나라는 아직도 산업현장에서 필요한 데이터는 부족한 상태이고 개인정보보호로 인한 규제에 데이터 활용은 저조하다.

4. 공유경제

공유경제란 하나의 상품을 여러 사람이 공유해서 이용하는 일명 '협업소비'를 토대로 이루어진 경제활동을 뜻하는 말이다.

공유경제의 큰 의미는 재화를 '소유'하는 것이 아니라 '이용', '소비'할 때 더 가치가 있다고 보는 점이다.

■ 렌털 서비스

개인이 소유한 자산을 다른 사람과 공유하는 방식으로 기존의 렌털 서비스와 비슷하다.
예)

- Zipcar(집카) – 단기간 차량대여 서비스, 회원가입부터 사용, 반납, 결제를 모두 인터넷으로 한다.

- Green Car(그린카) – 필요한 시간 만큼 전국 700여 개의 차고지에서 차량 대여 가능, 스마트폰으로 차량 문을 열고 사용한 시간과 연료만큼 자동으로 결제된다. Zipcar를 모방한 국내 최초의 카 공유사업이 해당된다.

- 어린이용 장난감 및 의류 렌트

■ 플랫폼 서비스

상품을 소유한 사람과 이용자를 연결해주는 플랫폼 서비스를 제공하는 방식
예)

- Getaround(겟어라운드) – 차량 소유주와 이용자가 일정 기간 동안 차량을 대여하고 이용할 수 있도록 연결해 주는 서비스, 자동차를 사용하지 않을 때 다른 사람에게 차를 빌려준다.

- Airbnb(에어비앤비) – 현지인의 주거공간을 공유하는 서비스이다.

- Kozaza(코자자) – 한옥 스테이를 원하는 외국인들과 한옥의 빈방을 가진 호스트를 매칭해주는 한국형 숙박공유 플랫폼, 처음에는 한옥에 주력하다 한옥에서 민박, 아파트, 펜션 등 다양한 형태의 숙박시설이 이용되고 있다.

공유경제의 득과 실

공유경제 시장은 차량 및 숙박, 금융 분야에서 괄목할만한 성장을 이루었다.

우버는 기업가치가 80조 원에 이르고 에어비앤비는 50조 원 이상으로 성장했다.

또한 불필요한 소비를 줄이고 합리적인 소비를 권장한다는 장점은 있으나 기존 업계와 이해 충돌이 생기고 세금, 수수료 등의 문제로 분쟁이 적지 않다.

기존의 법질서나 경제질서에 위반하는 사례도 적지 않다.

공유경제가 일반인의 참여로 가치가 생성되는 것이 취지였으나 공유 플랫폼 사업자가 그 가치의 20% 이상을 서비스 수수료로 부과하고 있어 낮은 수익에 따른 고용 불안 문제가 발생한다.

우버나 에어비앤비의 경우 거대 자본 투자로 글로벌 시장을 독점한다는 불만이 나오고 있다.

● 우버택시

　50개국, 250여 개 도시에서 서비스를 하고 있지만 상당수의 나라에서는 불법 영업논란으로 퇴출되기도 했다. (한국은 2015년도 우버택시가 영업을 중단)
　택시 영업이 금지된 자가용 승용차와 렌터카용 차량을 택시로 이용하여 국내법을 어기는 경우가 있다.

● 에어비앤비

　에어비앤비는 민박등 숙박업자까지 적극 활용하기도 하지만 개인이 오피스텔을 임대해 에어비앤비를 통해 숙박업에 나서는 경우도 생겨 지하경제의 규모를 키우는 부정적인 면도 있다.

5. 인터넷 뱅킹

1) 인터넷 뱅킹

인터넷 뱅킹은 대표적인 전자금융거래 서비스로서 신규 계좌 개설, 계좌조회, 자동이체, 송금, 수표 발행 등의 여러 은행업무가 인터넷상의 가상 은행에서 이루어지는 은행업무를 말한다.

우리나라는 1999년 신한, 한미, 주택은행 등이 처음으로 인터넷 뱅킹 서비스를 개시했나.

2009년 12월 말 인터넷 뱅킹 거래금액이 전체 전자 금융의 23.3%의 비중을 차지했다.

스마트폰의 활성화로 2009년에 스마트 기반 모바일 뱅킹 서비스가 본격적으로 제공되기 시작한 이후에는 모바일 뱅킹 이용 실적이 급속히 증가하고 있다.

한국은행 2017 자료에 의하면 인터넷 뱅킹 이용 실적은 개인과 기업의 차이는 있으나 개인, 기업 모두 꾸준히 증가하고 있다.

모바일 뱅킹이 차지하는 비중도 꾸준히 증가해 2016년 모바일 뱅킹 등록 건수가 7,467만 명으로 전년대비 15.3%가 증가했다.

모바일 뱅킹 이용이 꾸준히 증가하면서 더불어 개인 정보 유출, 인증서 등의 보안 유출 관련 문제가 제기되고 있어 좀 더 확실하고 안전한 보안기술 개발이 필요하다.

또한 피해를 본 소비자를 구제하는 방안도 더불어 마련되어야 한다.

또한 모바일 금융 서비스 이용을 대중화시키기 위해서 50대, 60대 이상 세대에서의 인터넷 뱅킹 이용 비율이 현저히 떨어져 있음을 볼 때 인터넷 뱅킹에 소외된 계층에 대한 교육 및 안내 자료를 제공하고 이용 절차를 간소화하는 등의 제도 개선이 필요하다.

2) 전자 결제 및 송금

전자 결제는 비금융회사가 금융기관과 제휴해 제공하는 금융결제서비스로 스마트폰을 이용해 QR코드나 애플리케이션으로 송금 및 결제서비스를 이용하는 방식이다.

카카오페이, 네이버페이, 삼성페이, 애플레이 등을 예로 들 수 있다.

▌ 국외 현황

유럽은 2018년 1월부터 지급결제서비스지침2의 시행으로 비금융회사가 은행과 오픈 API를 활용해 고객계좌정보를 기반으로 결제와 송금을 할 수 있다.

중국은 '선발전후규제' 방침으로 모바일 결제와 간편결제 시장이 빠르게 증가하고 있다. 실제로 백화점에서 거리 노점상에 이르는 거의 모든 곳에서 모바일 결제로 1초만에 결제가 이루어진다.

인도는 위조지폐 차단과 테러단체 자금줄을 차단하기 위해 화폐개혁을 단행한 후 전자 결제 시장이 급성장했다.

▌ 국내 현황

우리나라는 2015년에 방화벽, 키보드 보안, 바이러스 백신과 공인인증서 의무 사용을 폐지했다. 하지만 결제서비스를 시장에 내놓으려면 금융위원회, 행정안전부, 방송통신위원회, 공정거래위원회, 법무부 등의 부처들의 요구사항을 체크해야 한다.

금융결제 시장은 앞으로 모바일 애플리케이션의 사용이 보편화될 것이고 인공지능, 데이터 분석, 사물인터넷 및 디지털 통화 기술을 활용한 금융결제서비스가 활성화될 것이다.

3) 크라우드펀딩

크라우드펀딩이란 기존의 주식 형태와는 다르게 벤처 창업자나 중소기업 사업가가 온라인으로 사업자금을 지원받은 방식이다.

즉 아이디어를 가지고 있는 소규모 기업이 중개업체를 통해서 불특정 다수의 소액 투자를 받을 수 있다.

크라우드펀딩은 보상 방식에 따라 기부형, 보상형, 대출형, 지분투자형의 유형이 있다.

지분투자형 크라우드펀딩은 투자 대가로 지분을 획득하는 기존 투자 방식과 유사하며, 제도권 금융의 접근이 어려운 초기 창업 기업이 자금을 조달할 때 적합하다.

보상형은 펀딩에 참여했을 때에 대한 보상으로 제품·서비스 등을 지급한다.

기부형은 보상 없이 전액 기부를 목적으로 하거나 수익금 일부를 공익적 사업에 기부하기 위한 목적으로 진행한다.

대출형은 주로 P2P 대출(Peer to Peer Lending)이라 하며 크라우드펀딩 유형 중 가장 영향력이 크다.

대출형은 말 그대로 대출 채권에 투자하는 것으로 기존 금융기관 개입 없이 온라인 플랫폼으로 개인 간 대출 및 차입이 이뤄지는 거래방식이다. (출처: 인터넷 백서, 2018, p101)

우리나라 2019년 국내 크라우드펀딩 규모는 215억 달러로 2016년 1월부터 크라우드펀딩 법안이 시행된 이후 P2P 금융 투자수익의 이자소득세율을 25%에서 14% 수준으로 인하시키며 P2P 대출시장을 활성화시키는 데 노력하고 있다.

4) 인터넷 전문은행

인터넷 전문은행은 영업점을 소수로 운영하거나 영업점 없이 대부분 업무를 ATM이나 인터넷을 통해 운영하는 은행으로 처음에는 완전 무점포 형태의 온라인 위주로 시작하여 '디지털 뱅킹'이라 불리기도 한다.

우리나라의 경우 인터넷 전문은행은 최초 자본금을 250억 원으로 하고 비대면 실명 확인으로 계좌 개설이 가능하게 했다.

금융위원회는 2015년 금융 부문 간 융합을 통한 금융서비스 혁신과 은행 산업의 경쟁력을 높이기 위해 '한국카카오은행', '케이뱅크'를 인터넷 전문은행으로 인가하여 2017년 영업을 개시했다.

케이뱅크는 2018년 3월 말 기준 고객수가 71만 명을 기록했고 카카오뱅크는 2018년 1월 기준 가입 고객수가 500만 명을 넘어섰다. (출처: 인터넷백서, 2018, p112)

6. 모바일 OTT

■ 모바일 OTT 정의

"OTT(Over The Top)는 인터넷을 통해 볼 수 있는 TV 서비스를 일컫는다. OTT는 전파나 케이블이 아닌 범용 인터넷망(Public internet)으로 영상 콘텐츠를 제공한다. 'Top'은 TV에 연결되는 셋톱박스를 의미하지만, 넓게는 셋톱박스가 있고 없음을 떠나 인터넷 기반의 동영상 서비스 모두를 포괄하는 의미로 쓰인다."

(출처: 네이버 지식백과)

■ OTT 등장 배경

OTT 서비스의 등장 배경을 보면 동영상을 끊김없이 제공할 수 있도록 초고속 인터넷 속도가 빨라졌고 1인 1미디어 시대가 도래하였다.

2005년에 구글이 '구글 비디오'를 출시했다가 2006년 유튜브를 인수하면서 OTT 서비스를 시작했다.

2007년에는 넷플릭스가 인터넷 스트리밍 서비스를, 같은 해 애플이 '애플 TV' 서비스를 개시했다.

이제는 TV나 영화 콘텐츠를 반드시 정해진 시간에 보지 않아도 되고 정해진 채널에서 보지 않아도 되고 하나의 스마트 기기에서 보지 않아도 된다.

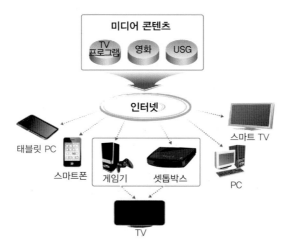

출처: 한국인터넷진흥원, OTT 서비스 개념도

▣ OTT 현황

OTT 서비스가 활성화되고 있는 대표적 나라가 미국이다.

2013년에 에릭슨컨슈머랩에서 제공하는 자료에 의하면 미국에서 주문형 서비스를 이용 중인 소비자 비율이 유튜브, 넷플릭스, 훌루, 아마존프라임, HGO go 순으로 나타났다.

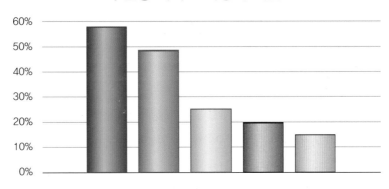

주문형 서비스 사용자 비율

■ youtube ■ Netflix ▣ hulu ■ amazon Prime ▣ HBO Go

출처: 에릭슨컨슈머랩, 2014 (재구성)

2017년 국내 주요 OTT로는 유튜브가 이용률 33.7%로 단연 1위이고 페이스북, 네이버TV 순이었다.

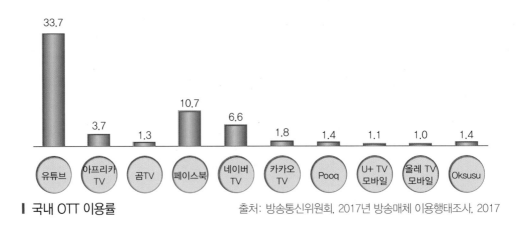

■ **국내 OTT 이용률**

출처: 방송통신위원회, 2017년 방송매체 이용행태조사, 2017

● Netflix

넷플릭스는 처음에 비디오와 DVD을 배달하는 서비스로 시작하여 2007년 처음으로 인터넷 스트리밍을 시작했다.

한 달에 최하 7.99달러로 영상 콘텐츠를 스트리밍으로 볼 수 있다.

또한 인터넷이 연결된 모든 스마트 기기에서 보던 영상을 연결해서 볼 수 있다.

2019년 1분기 전 세계 가입자 수가 1억 4천만 명을 넘었고 2019년 매출액이 45달러 (5조 1,140억)에 달했다.

● Hulu

유튜브가 UCC(사용자 제작 콘텐츠) 위주였다면 NBC나 폭스 등의 방송사 또는 소니 픽처스, 유니버셜과 같은 영화사와 콘텐츠 협약을 체결해 저작권 문제가 없는 양질의 콘텐츠를 제공했다.

훌루에서는 광고를 보면서 HD고화질의 콘텐츠를 무료로 볼 수 있다.

■ OTT 특징

● OTT는 셋톱박스와 상관없이 유선 및 무선인터넷을 사용하고, 방송 · 통신사업자 외 제3의 독립사업자가 참여한다.

● 각종 영화, TV 프로그램, UCC 등 오디오 · 비디오 콘텐츠를 VOD 혹은 스트리밍으로 제공한다.

● 광고 기반 무료 서비스 또는 월정액, 건당 과금 등의 유료 서비스 형식이다.

● 다양한 디바이스에서 서비스를 제공한다.

● 기존 방송 콘텐츠의 제작−편성−송출−소비 등 일련의 과정을 거치지 않고 제작과 유통을 한꺼번에 하기도 한다.

● 앞으로 당분간 OTT 이용은 계속 증가할 것이고 OTT 이용 증가는 케이블TV나 위성 TV뿐만 아니라 IPTV를 통한 스트리밍 이용의 감소로 이어질 것이다.

7. 전자정부 서비스

전자정부법 제 2조에 의하면 '전자정부'란 정보기술을 활용해 행정기관 및 공공기관의 업무를 전자화하고 행정기관 등 상호 간 행정업무 및 국민에 대한 행정업무를 효율적으로 수행하는 정부를 말한다.

전자정부 서비스는 G2C(대국민) 서비스, G2B(대기업) 서비스, 그리고 G2G(정부 간) 서비스로 나눌 수 있다.

1) G2C 서비스(대국민 전자정부 서비스)

대국민 전자정부 서비스는 국민의 불편함을 해소하기 위해 관공서를 직접 방문하지 않아도 온라인으로 업무를 볼 수 있게 하였고 제출해야 할 서류도 최소화하여 행정업무의 효율성과 투명성을 끌어 올렸다.

■ 정부24(행정서비스 통합제공 서비스) www.minwon.go.kr

2017년에 새로 출범하였고 기존의 '민원24' 서비스에 '대한민국정부포털', '알려드림e'를 통합하여 정부서비스, 민원서비스, 정책정보 제공 등 정부의 모든 서비스와 정책을 한 사이트에서 제공하는 정부 통합 서비스이다.

모바일 기반으로 생체인증, 챗봇기능 등을 제공하고 있다.

| 정부24 서비스 개요

출처: 행정안전부, 2017

■ 안전정보(생활안전지도) www.safemap.go.kr

기관마다 흩어져 있는 범죄 및 교통사고 발생 현황, 대피시설, 미세먼지 등 안전정보 200여 종을 한곳에 모아 지도형태로 시각화한 형태로 2014년부터 웹과 모바일로 동시 공개하며 대국민 서비스를 시작했다.

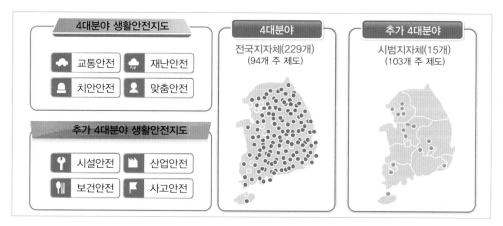

▍생활안전 8대 분야 및 서비스 확대   출처: 행정안전부, 재난안전민관협의회의, 2016

■ 국민신문고(www.epeople.go.kr)

국민신문고는 정부에 대한 국민제안, 부패신고, 행정심판, 정책토론을 신청할 수 있는 서비스이다.

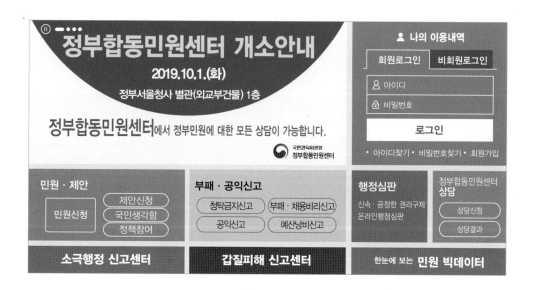

사법부 및 14개 행정기관과 중앙부처, 지자제 등이 온라인으로 연결되어 국민권익위원회에서 운영한다.

▌ 전자세정시스템 홈택스 www.hometax.go.kr

세금을 내기 위해 세무서를 방문하지 않아도 집이나 사무실에서 인터넷을 통해 전자신고, 전자납부, 증명발급 등의 모든 세금 문제를 24시간 편리하게 해결할 수 있는 종합 세무행정 서비스이다.

국세 관련정보나 고지, 환급, 신고현황 내역을 휴대전화를 통해서 언제 어디서나 조회할 수 있는 모바일 서비스도 제공한다.

2014년 기준으로 전자신고 비율은 원천세 98.9%, 법인세 98.0%, 종합소득세 92/5%, 부가가치세 87.2%로 최근까지 꾸준히 증가하고 있다. (국세통계연보, 2015)

▌ 복지로 www.bokjiro.go.kr

각 정부 부처의 복지정보 서비스를 한눈에 확인할 수 있는 대표 복지포털사이트이다.

새로 시행된 기초연금의 모의계산 및 신청도 가능하다.

▌ 온라인행정심판 https://www.simpan.go.kr

행정기관의 부당한 처분 및 공권력으로 권리나 이익을 침해받은 국민이 인터넷을 통해 행정기관에 제기하는 권리구제 서비스를 제공한다.

비용이 무료이고 단일창구를 통해 원스톱 서비스를 제공한다.

2015년 중앙행정심판위원회에 접수된 행정심판은 2만 4,425건에 달했다.

(인터넷백서, 2016)

▌ 정보공개포털 www.open.go.kr

2013년 국민의 알권리를 보장하고 국정 운영의 투명성을 높이기 위하여 [정보공개법]이 개정되었다.

정보공개포털에서는 각 기관별 정보공개 서비스를 통합하여 단위창구에서 제공하는 원스톱 정보공개 서비스이다.

2) G2B 서비스(대기업 전자정부서비스)

대기업 전자정부 서비스는 기업과 관계된 기관들끼리 민원서식을 표준화하고 기관 간의 협업을 통해 기업이 정부에 제출해야 하는 서식 종류와 제출 횟수를 감소시키기 위한 서비스이다.

기업의 이점은 대기업 전자정부 서비스를 통해 민원 서류 및 행정 처리의 간소화로 인해 시간과 비용을 대폭 감소할 수 있다는 것이다.

▣ 기업지원플러스 G4B(www.g4b.go.kr)

기업 창업에서부터 폐업에 이르기까지 기업의 활동 주기 전 과정에 걸쳐 있을 수 있는 기업 민원행정, 온라인 법인 설립, 기업 애로 및 시험인증 등의 서비스를 원스톱으로 일괄 제공한다.

▣ 국가물류통합정보센터((www.nlic.go.kr)

육, 해, 공 물류 정보를 통합하여 사용자 중심의 물류 정보 서비스를 제공한다.

마케팅에서 통관에 이르는 무역업무 전반에 대한 전자무역서비스를 제공한다.

2017년에는 총 30개 기관과 연계하였고 온라인 이용은 연간 204만 6천 건으로 꾸준히 증가 추세에 있다.

▣ 국가종합전자조달시스템 나라장터(www.g2b.go.kr)

2003년 국가종합전자조달시스템인 '나라장터'를 개시하여 정부 발주 기관과 납품업체 담당자 간에 비대면 거래가 가능해지면서 조달 행정의 투명성이 크게 향상되었다.

학습정리

1. **전자상거래 특징**

   - 기업의 효율성 향상

   - 시간과 공간의 자유

   - 소비자의 가격 만족

   - 기업의 효율성 향상

   - 소비자의 수요에 즉각적 대응

   - 저렴한 창업자본

2. **공유경제**

   공유경제란 하나의 상품을 여러 사람이 공유해서 이용하는 일명 '협업소비'를 토대로 이루어진 경제활동을 뜻하는 말이다.

   재화를 '소유'하는 것이 아니라 '이용', '소비'할 때 더 가치가 있다.

   - Zipcar(집카) – 단기간 차량대여 서비스

   - Green Car(그린카) – 필요한 시간 만큼 전국 700여 개의 차고지에서 차량 대여 가능

   - 어린이용 장난감 및 의류 렌트

   - Getaround(겟어라운드) – 차량 소유주와 이용자가 일정 기간 동안 차량을 대여하고 이용할 수 있도록 연결해 주는 서비스

   - Airbnb(에어비앤비) – 현지인의 주거 공간을 공유하는 서비스

   - Kozaza(코자자) – 한옥 스테이를 원하는 외국인들과 한옥의 빈방을 가진 호스트를 매칭해주는 한국형 숙박 공유 플랫폼

3. 데이터 경제

데이터 경제란 데이터를 생산하고 정제, 가공 그리고 유통시켜 가공된 데이터를 기업이나 공공분야에 활용하고 소비자들은 데이터 기반 혁신 서비스를 활용하면서 새로운 경제 가치가 만들어지는 일련의 과정을 의미한다.

데이터 산업 시장은 데이터 솔루션, 데이터 구축, 컨설팅, 데이터 서비스 부문으로 나뉜다.

4. 전자정부 서비스

- 대국민 서비스 – 정부민원포털, 국민신문고, 홈택스, 복지로, 온라인 행정심판, 정보공개포털
- 대기업 서비스 – 기업지원플러스 G4B, 국가물류통합정보센터, 국가종합전자조달시스템

5. OTT

- OTT는 셋톱박스와 상관없이 유선 및 무선인터넷을 사용
- 각종 오디오 · 비디오 콘텐츠를 VOD 혹은 스트리밍으로 제공
- 광고 기반 무료 서비스 또는 유료 서비스 형식
- 다양한 디바이스에서 서비스를 제공
- 기존 방송 콘텐츠의 제작–편성–송출–소비 등 일련의 과정을 생략

학습평가문제

1. 다음 중 OTT에 대한 설명이 바르지 않은 것은?

① OTT는 셋톱박스를 통해서 유선 및 무선인터넷을 사용

② 각종 오디오 · 비디오 콘텐츠를 VOD 혹은 스트리밍으로 제공

③ 광고 기반 무료 서비스 또는 유료 서비스 형식

④ 다양한 디바이스에서 서비스를 제공

⑤ 기존 방송 콘텐츠의 제작–편성–송출–소비 등 일련의 과정을 생략

2. 전자상거래의 특징에 해당하지 않는 것은?

① 소비자 가격 만족

② 시간 공간의 자유

③ 생산자 가격 만족

④ 기업의 효율성 증대

3. 다음 중 공유경제 모델의 종류가 다른 하나는 무엇인가?

① 에어비엔비

② 코자자

③ 겟어라운드

④ Zipcar

4. 최근 전자상거래 주요 동향과 거리가 먼 것은 ?

① 기업 간 전자상거래의 역할이 상대적으로 축소되었다.

② B2C, C2C 온라인 쇼핑 시장이 급성장했다.

③ 모바일 쇼핑이 급증했다.

④ 국경 간 전자상거래는 축소되었다.

5. 다음 중 대국민 서비스에 속하지 않는 것은?

① 홈택스

② 정부민원포털

③ 국가종합전자조달시스템

④ 국민신문고

6. 다음 중 데이터 경제에 대한 설명이 잘못된 것은 무엇인가?

① 국내 빅데이터의 경우 공공분야에서는 예산 부족으로 축소되었다.

② 민간분야에서는 은행, 보험, 카드를 중심으로 빅데이터 플랫폼이 활발히 진행되고
있다.

③ 해외에서는 데이터 기반 사업으로 기업의 축을 바꾸고 있다.

④ 국내의 경우 개인정보보호로 산업으로의 데이터 활용은 저조하다.

7. 다음 중 데이터 경제와 관련이 없는 보기는 무엇인가?

① OTT

② 4차 혁명

③ 인공지능

④ 빅데이터

8. 다음 중 인터넷 비즈니스 활성화 대책으로 볼 수 없는 것은?

① 신생 IT 벤처기업에 재투자

② Open API 적극 추진

③ 매시업 경진대회 개최

④ 대형 벤처기업들의 서비스 영역 확대

정답

1. ① (해설: OTT는 셋톱박스와 상관없이 유선 및 무선인터넷을 사용함)   2. ③ (해설: 전자상거래는 소비자의 가격 만족도를 높이고 기업의 효율성을 증대시키지만 생산자의 가격 만족과는 무관함)
3. ④ (해설: Zipcar는 렌털서비스 중 하나이며, 나머지는 플랫폼 서비스에 해당됨)
4. ④   5. ③   6. ①   7. ①   8. ④

CHAPTER 07

UCC와 유튜브

학습목차

1. UCC(User Created Contents)
2. YouTube 활용
3. QR(Quick Response) 코드

학습목표

- UCC 관련 기술 및 현황에 대해 살펴볼 수 있다.
- 유튜브에 동영상을 업로드하는 방법을 익힐 수 있다.
- QR코드의 생성과정에 대해 학습하고 실습해본다.

1. UCC(User Created Contents)

1) UCC의 개요

UCC란 사용자가 직접 제작한 저작물(콘텐츠)을 의미하는 것으로 UGC(User Generated contents) 등의 용어로도 혼용되어 사용되고 있다.

인터넷, 디지털 카메라, 휴대 전화 등의 발달로 비전문가들의 엔터테인먼트 콘텐츠로 시작했나.

2000년대 블로그, 미니홈피 등 1인 미디어를 활용한 UCC 제작이 대중화되기 시작했다.

2006년대 국내에서는 다음이 '다음 tv팟'을 오픈했고 구글이 유튜브(Utube)를 인수하면서 동영상 UCC가 활성화되었다.

UCC는 단지 동영상만을 의미하는 것이 아니고 문자, 음향, 이미지, 영상 등으로 표현된 다양한 디지털 콘텐츠를 의미한다.

■ 1인 크리에이터

최근 1인 미디어, 1인 크리에이터 등 새로운 직종이 생겨나기 시작했다.

1인 크리에이터란 개인이 방송에 필요한 모든 콘텐츠를 혼자서 직접 제작하고 송출하는 것을 말한다.

개인이 개인에 대한 이야기부터 시작해서 시대에 이슈가 되고 있는 뉴스 방송, 이벤트, 요리 방송 등 본인이 SNS를 통해서 사람들과 소통하고 싶은 주제를 가지고 콘텐츠를 제작하고 전달한다.

● 문제점

　UCC의 자유로움으로 개인의 사생활을 침해한다거나 명예 훼손, 그리고 저작권 침해 등의 문제점을 해결해야 할 과제로 안고 있다.

2) UCC 기술 동향

▌ 동영상 압축 기술

MPEG-1: 비디오 CD 제작에 사용되는 포맷

MPEG-2: DVD, 지상파 DTV, 스카이 라이프 등에서 사용

MPEG-4: MPEG-2의 화질을 보장하면서 데이터의 크기를 약 2배 이상 압축하는 기술로 지상파 및 위성 DMB에 사용

▌ 동영상 변환 기술

트랜스 코딩(Transcording): 웹 계정에 파일을 업로드하면서 바로 스트리밍 서비스를 할 수 있게 파일의 포맷을 변환해주는 기술이다.

한 코덱에서 다른 코덱으로의 디지털에서 디지털로의 변환 기술이다.

즉, 단일 환경을 목표로 제작된 음성, 데이터, 영상 등 멀티미디어 콘텐츠를 다른 환경에서도 이용할 수 있도록 가공, 선별, 변환하는 기술을 의미한다.

네이버는 V 라이브, 네이버 TV, 네이버 스포츠 등 영상을 제공하는 자사 플랫폼에 새로운 방식의 '분산 트랜스코딩' 기술을 적용했다.

이 기술은 기존에 40분 이상 소요되던 고화질 영상 트랜스코딩 시간이 3분으로 크게 단축된다.

스포츠 경기나 인기 연예인의 라이브 방송 종료 후, 해당 영상을 VOD 콘텐츠로 빠르게 변환하여 사용자들에게 제공할 수 있게 된다.

네이버 플랫폼에 자신이 만든 영상물을 게재하는 1인 미디어 크리에이터들의 편의성 또한 크게 높아질 것으로 기대된다.

(출처: http://www.inven.co.kr/webzine/news/?news=224913#csidxb7a309fb7ee72b5b9df5b3546e5b1ad)

▌ 동영상 UCC 포맷

• FLV(Flash Video)

PC와 OS의 종류에 관계없이 플래시가 지원되는 플랫폼이면 스트리밍 재생이 가능하다. 트랜스코딩 작업이 서버에서 진행된다.

이용자는 업로드한 후 트랜스코딩이 완료될 때까지 기다리는 시간 대기가 있다.

트랜스코딩이 완료될 때까지의 대기 시간을 줄이기 위한 시스템 구축에 많은 비용이 든다는 단점이 있다.

● WMV(Windows Media Video)

윈도우즈 계열에 최적화되어 있다.

액티브X(ActiveX)를 활용하여 이용자의 PC 내에서 트랜스코딩 작업이 이루어져 서버의 부담을 줄일 수 있다.

윈도우 계열이 아닌 다른 플랫폼에서 브라우저를 이용해 감상하려면 별도의 트랜스코딩 과정이 필요하다.

콘텐츠 저작권 관련(DRM) 기술

UCC 콘텐츠의 80%가 기존 미디어 및 방송의 콘텐츠 등을 단순 복제한 것으로 나타났다.

DRM(Digital Rights Management) 기술은 디지털 저작권 관리를 의미하는 것으로 불법 복제를 막고 사용료 부과와 결제 대행 등의 콘텐츠의 생성에서 유통 관리까지를 지원하는 기술이다.

2001년 냅스터가 mp3 파일에 처음 DRM을 사용하였고 LGT의 '뮤직온', SKT의 '멜론' 등이 DRM이 적용된 음원 서비스이다.

● DRM의 단점

- **사용자의 편의성 감소**

  DRM이 적용된 멀티미디어는 특정 단말기에서만 플레이가 가능하다. 즉, 멜론에서 판매하는 음원인 DCF 파일은 SKT 휴대폰에서만 재생 가능하다.

- **호환성 문제**

  타 이동통신사 사이트에서 구매한 DRM 음원은 별도의 변환 프로그램으로 형식 변환을 해야 사용 가능하다.

- **음원의 독과점**

  DRM 기술의 호환성 문제로 음원 시장의 독과점이 발생한다.

3) 국내 1인 미디어 산업 정책 현황

▐ 1인 미디어 대중화 배경

1인 가구의 증가, 스마트 기기 확산으로 최근 미디어 콘텐츠 이용이 개인화·일상화되고 있으며, 이를 바탕으로 '1인 미디어'가 대중화되고 향후 산업적 성장잠재력에 대한 기대도 높아지고 있다.

지난 4월 세계 최초로 우리나라에서 5세대 이동통신(5G)서비스가 상용화되면서 고화질의 실시간 콘텐츠에 대한 수요 증가가 예상되고 있고, 1인 미디어는 5G 시대 혁신성장의 새로운 기회가 될 것으로 기대되고 있다.

1인 미디어가 전자상거래, 관광, 교육 등 탈산업 분야와 융합될 경우, 다양한 분야에서 새로운 경제적·문화적 부가가치 창출이 가능해지는 등 향후 1인 미디어 분야는 혁신성장의 잠재력이 높은 신산업이 될 것으로 예측되고 있다.

▐ 1인 미디어 산업 정책

과학기술정보통신부가 1인 미디어 산업 활성화 방안을 확정·발표했다.

잠재력 있는 1인 미디어 창작자 발굴과 콘텐츠 제작 지원 규모를 2020년에 전년 대비 150% 상향한다.

창작자의 역량 강화를 위해 전파방송통신교육원에 '1인 미디어전문인력 양성' 교육과정을 개편·신설하고 전국 스마트미디어센터(6개소), 시청자미디어재단(7개소)과 연계해 지역별 1인 미디어 창작자 양성 교육도 실시한다.

단독 창업이 현실적으로 어려운 1인 미디어 창작자들이 협동조합 방식으로 창업했을 때, 설립단계부터 사업 수행단계(마케팅, 자금조달 등)까지 창업 전 과정 컨설팅 지원 방안도 마련한다.

글로벌 역량 강화 및 해외시장 진출을 지원하기 위해 해외 1인 미디어 창작자와의 콘텐츠 국제공동제작 지원을 기존 동남아 지역 위주에서 북미 지역까지 확대한다.

초보라도 누구나·언제·어디서나 손쉽게 1인 미디어에 입문이 가능하도록 '1인 미디어 원스톱 플랫폼' 구축 방안도 마련한다.

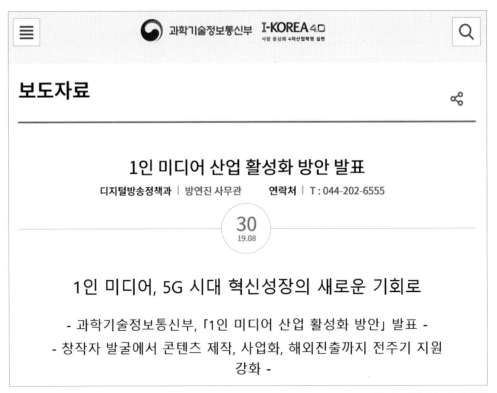

(출처: 과학기술정보통신부
https://www.msit.go.kr/web/msipContents/contentsView.do?cateId=mssw311&artId=2162883)

2. YouTube 활용

1) YouTube의 개요

YouTube는 대표적인 UCC 사이트이다.

웹에서 가장 인기 있는 비디오 공유 사이트 중의 하나이다.

상업용 또는 단편적인 TV Show 클립뿐만 아니라 아마추어 비디오 작가와 무비메이커로부터 수천만 개의 비디오를 제공한다.

누구나 자신이 좋아하는 디지털 비디오나 애니메이션을 세계인들과 함께 YouTube에서 공유하고 싶으면 구글 계정으로 로그인하거나 YouTube에 무료 회원 가입을 하고 비디오 파일을 업로드하면 된다.

2) YouTube 파일 형식

YouTube에서 지원되는 파일 형식으로 .MOV, .MPEG4, .AVI, .WMV, .MPEGPS, .FLV 등이 있다.

그 외에, mp3, wav와 같은 음악 파일이나 jpg, png 등과 같은 이미지 파일은 바로 호스팅되지 않기 때문에 유튜브에서 실행되는 동영상 형식으로 변환한 후 업로드해야 한다.

3) YouTube에 동영상 업로드하기

❶ YouTube 계정에 로그인한다.

❷ 비디오 모양의 버튼을 클릭해서 [동영상 업로드] 버튼을 클릭한다.

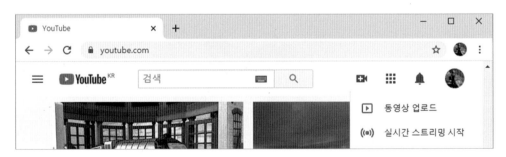

❸ [Studio] 사이트로 전환된다.

열린 창에서 업로드할 파일을 드래그하거나 [파일 선택] 창을 열어 동영상 파일을
선택한다.

이때 지원되는 동영상 파일이 아닌 경우 다음과 같은 에러 메시지가 뜬다.

> **참고**: MP3, WAV, PCM과 같은 오디오 파일은 YouTube에 업로드할 수 없습니다. 동영상 편집 소프트웨어
> ☑ 를 사용하면 오디오 파일을 동영상으로 변환할 수 있습니다.

❹ [동영상 업로드] 창에서 세부정보를 입력한다.

❺ [미리보기 이미지]에서 관심을 끌 수 있는 이미지를 업로드한다.

❻ [재생목록]에서 동영상의 카테고리를 정할 수 있다.

❼ [다음] 버튼을 클릭하면 콘텐츠의 아동용의 여부가 나온다.

유튜브에서 아동용 및 음란물에 대한 법적 규제를 하고 있다.

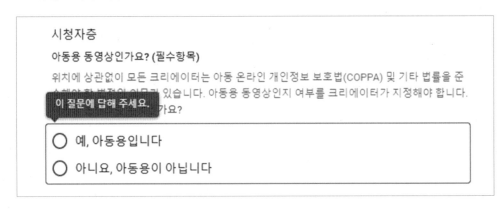

❽ 동영상 요소를 추가할 수 있다.

최종화면 추가

동영상 끝 부분에서 다음에 시청할 동영상을 제시하여 채널의 시청 시간을 늘릴 수 있다.

카드 소개

카드를 설정하면 화면 오른쪽 상단에 사각형 상자 즉, 티저가 표시되어 카드 속 메시지의 미리보기를 제공한다. 이 티저를 탭하거나 클릭하면 동영상과 연결된 카드가 나타난다.

상품, 모금, 동영상 및 다양한 카드 유형 중에서 선택하여 만들 수 있다.

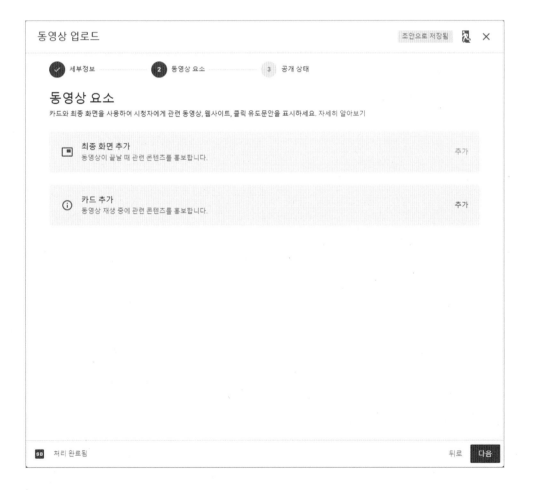

❾ 공개 상태를 설정할 수 있다.

바로 게시할 경우 공개 여부를 설정한다.

동영상 게시 날짜를 예약할 경우 날짜와 시간을 설정한다.

❿ [Studio] - [채널 동영상]에서 동영상이 정상적으로 업로드된 것을 확인할 수 있다.

[YouTube] 화면에서는 업로드했을 때 설정한 재생 목록에서 확인할 수 있다.

3. QR(Quick Response) 코드

1) 정의

▮ 바코드

기존의 바코드는 가로 배열에 최대 20여 자의 숫자 정보만 넣을 수 있는 1차원적 구성으로 특정 상품명이나 제조사, 가격 등의 정보만 기록할 수 있다.

▮ QR코드

QR코드는 매트릭스 형태로 가로, 세로를 활용하여 숫자는 최대 7,089자, 문자는 최대 4,296자 등 2차원적 구성으로 되어있다.

QR코드에는 긴 문장의 인터넷 주소(URL)나 사진 및 동영상 정보, 지도 정보, 명함 정보 등을 기록할 수 있어 QR코드가 기업의 중요한 홍보/마케팅 수단으로 이용되고 있다.

2) QR코드의 특징

기존 바코드에 비해 많은 양의 데이터/정보를 담을 수 있다.

코드 크기는 약 $2cm^2$로 짧고 작은 형태를 유지할 수 있다.

QR코드는 오류 복원 기능이 있어 코드 일부분이 오염되거나 손상돼도 데이터 정보를 복원할 수 있다.

바탕/배경 그림의 영향을 거의 받지 않으므로 다양한 형태의 홍보/판촉물에 이용될 수 있다.

스마트폰이나 태블릿 PC 등의 QR코드 인식 **애플리케이션**을 사용해 QR코드를 읽어들이면 해당 상품의 인터넷 사이트에 접속하여 추가 정보를 확인할 수 있다.

▌ QR코드 사례

3) 악성 QR코드

악성코드나 맬웨어가 포함된 웹 사이트로의 링크가 담겨있는 QR코드를 배포하는 전략으로 모바일 기기를 공격한다.

사용자는 유해 정보가 담겨 있는지를 육안으로, 또는 애플리케이션으로 판단할 수 없다.

한 사례로, 길거리에서 배포된 QR코드를 스캔한 후 "클럽 가입을 축하합니다"라는 글귀뿐이고 그 사이에 사용자가 모르는 사이에 QR코드 스캔 기기로 트로이 목마가 설치되었다.

검증된 곳에서 제공하는 QR코드인지 최종 사용자의 각별한 주의가 필요하다.

스마트폰을 비롯한 모바일 기기에서도 백신이나 안티 맬웨어 소프트웨어를 설치하고 업데이트에 주의를 기울여야 한다.

4) QR코드 제작하기

QR코드는 누구라도 QR코드를 제작할 수 있는 사이트를 방문하여 쉽고 자유롭게 제작할 수 있다.

네이버의 경우 http://qr.naver.com에서 QR코드를 제작할 수 있다.

❶ http://qr.naver.com 홈페이지로 들어간다.

❷ [나만의 QR코드 만들기] 클릭한다.

❸ 먼저 네이버에 로그인해야 한다.

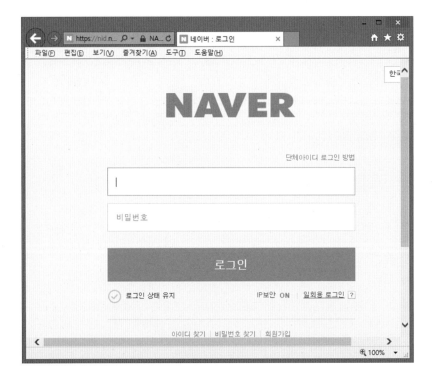

❹ 코드제목을 입력 후 원하는 코드 스타일을 선택한다.

추가 옵션 사용 여부도 선택한다.

❺ 클라우드나 내PC에 있는 사진을 올릴 수 있다.

용량이 큰 이미지는 자동으로 리사이징되서 올라간다.

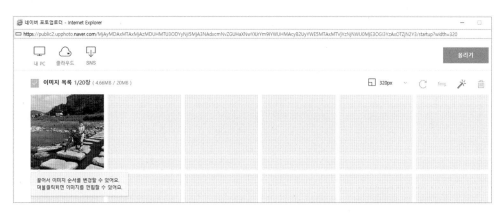

❻ 이미지 외에 동영상, 지도 등도 삽입할 수 있다.

❼ [작성 완료]를 클릭한다.

QR코드가 완성되었고 해당 코드를 메일로 보내기, 블로그에 담기, 휴대폰으로 전송 등의 옵션을 선택하여 내보내기 할 수 있다.

학습정리

1. UCC

UCC란 사용자가 직접 제작한 저작물(콘텐츠)이다.

2000년대 블로그, 미니홈피 등 1인 미디어를 활용한 UCC 제작이 대중화되기 시작되었다.

'다음 tv팟', 유튜브 등으로 동영상 UCC가 활성화되었다.

2. 영상 압축 기술

MPEG-1: 비디오 CD 제작에 사용

MPEG-2: DVD, 지상파 DTV, 스카이 라이프 등에서 사용

MPEG-4: MPEG-2의 화질을 보장하면서 데이터의 크기를 약 2배 이상 압축하는 기술로 지상파 및 위성 DMB에 사용

3. 동영상 UCC 포맷

- FLV(Flash Video)
PC와 OS의 종류에 관계없이 플래시가 지원되는 플랫폼이면 스트리밍 재생이 가능하다.
트랜스코딩 작업이 서버에서 진행된다.
업로드한 후 트랜스코딩이 완료될 때까지 시간이 걸린다.

- WMV(Windows Media Video)
윈도우즈 계열에 최적화되어 있어 액티브X(ActiveX)를 활용하여 이용자의 PC 내에서 트랜스코딩 작업이 이루어져 서버의 부담을 줄일 수 있다.

4. 콘텐츠 저작권 관련(DRM) 기술

디지털 저작권 관리를 의미하는 것으로 불법 복제를 막고 사용료 부과와 결제 대행 등의 콘텐츠의 생성에서 유통 관리까지를 지원하는 기술이다.

2001년 냅스터가 mp3 파일에 처음 DRM을 사용하였고 LGT의 '뮤직온', SKT의 '멜론' 등이 DRM이 적용된 음원 서비스이다.

5. DRM의 단점

- 사용자의 편의성 감소
- 호환성 문제
- 음원의 독과점 발생

학습평가문제

1. UCC에 대한 설명이 틀린 것은?

① 사용자가 직접 콘텐츠를 제작한다.

② 인터넷, 디지털 카메라, 휴대 전화 등의 발달로 전문가들의 엔터테인먼트 콘텐츠로 시작했다.

③ 1인 미디어를 활용한 UCC 제작이 대중화되기 시작했다.

④ 명예 훼손, 그리고 저작권 침해 등의 문제점을 해결해야 할 과제를 안고 있다.

2. 동영상 압축 기술이 바르게 연결된 것이 아닌 것은 ?

① MPEG-1 – 비디오 CD 제작에 사용되는 포맷

② MPEG-2 – DVD, 지상파 DTV 등에서 사용

③ MPEG-4 – 지상파 및 위성 DMB에 사용

④ MPEG-3 – MPEG-2의 화질을 보상하면서 약 2배의 압축 기술

3. 동영상 UCC 포맷에 대한 설명 중 다른 하나는 무엇인가?

① PC와 OS의 종류에 관계없어 시스템 구축에 드는 비용이 적다.

② 플래시가 지원되는 플랫폼이면 스트리밍 재생이 가능하다.

③ 트랜스코딩 작업이 서버에서 진행된다.

④ 트랜스코딩이 완료될 때까지의 대기 시간이 있다.

4. 동영상 파일을 웹 계정에 업로드 시키면서 바로 스트리밍 할 수 있도록 파일의 포맷을 변환해주는 기술에 대한 설명 중 틀린 것은 무엇인가?

① 한 코덱에서 다른 코덱으로 변환되는 기술이다.

② 디지털에서 디지털로의 변환 기술이다.

③ 아날로그에서 디지털로의 변환 기술이다.

④ 다른 환경에서도 동영상 파일을 이용할 수 있게 하는 기술이다.

5. DRM 기술에 대한 설명이 틀린 것은 무엇인가?

① DRM 기술이 적용된 미디어는 저작권이 있어 다른 단말기에서도 플레이가 가능하다.

② 불법 복제를 막기 위한 보안 기술이다.

③ 콘텐츠 사용료를 부과하고 결제 대행까지도 지원한다.

④ 냅스터가 mp3 파일에 처음 DRM 을 사용했다.

6. 1인 미디어 최근 동향에 대한 설명이 바르지 않은 것은?

① 스마트 기기 확산으로 미디어 콘텐츠 이용의 공유화

② 5G 서비스의 상용화로 고화질 콘텐츠에 대한 수요의 증가

③ 창작자 역량 강화를 위한 교육 과정 신설

④ 성장 잠재력이 높은 신산업으로 부각

7. QR코드의 특징에 대한 설명이 바르지 않은 것은 무엇인가?

① 바코드에 비해 저장 용량이 많다.

② 오류 복원 기능은 없다.

③ 다양한 형태의 홍보물에 이용된다.

④ 사진, 동영상, 지도 등을 기록할 수 있다.

정답

1. ②   2. ④   3. ① (해설: 나머지는 FLV 포맷에 대한 설명임)   4. ③   5. ①   6. ①   7. ②

웹 2.0과 미래 인터넷 기술

학습목차

학습목표

- 웹 2.0 시대의 특징과 기술에 대해 살펴볼 수 있다.
- 미래 인터넷 기술들에 대해 학습할 수 있다.
- 5G 이동통신 기술 개발 현황에 대해 살펴볼 수 있다.

1. 웹 2.0

1) 웹 2.0의 특징

웹 2.0은 참여와 개방 및 공유를 목표로 한다.

데이터를 소유하거나 독점하지 않는다.

누구나 데이터를 생산하고 접근하며 공유할 수 있는 환경을 제공하는 인터넷 환경을 의미한다.

오픈 API를 통해서 기술을 독점하지 않고 모든 사람들이 사용할 수 있도록 자원을 공개하고 공개된 자원을 활용해 다양한 콘텐츠를 창조해 낸다.

웹 2.0을 처음 시작한 팀 오라일리(Tim O'Reilly)는 향후 인터넷의 발전 방향에 대해 "웹스퀘어(Web^2)라는 새로운 용어를 사용하였다.

* 웹스퀘어(Web^2)

"스마트폰으로 언제나 인터넷에 접속할 수 있는 환경에서 마이크로블로그 등의 소셜미디어가 인터넷 서비스 중 핵심서비스로 부상하면서 2010년부터 웹스퀘어 시대가 올 것"으로 전망했다.

웹스퀘어는 유무선으로 확장되는 인터넷으로 인해 유통되는 정보의 양이 이전의 정보의 양에 비해 제곱 이상으로 빠르게 증가할 것이라는 의미이다.

2) 웹 2.0 기술 동향

■ 오픈 API

Open Application Programmer Interface

누구나 사용할 수 있도록 공개된 API를 의미한다.

* API 란

응용 프로그램이 운영체제나 프로그래밍 언어 등이 제공하는 기능들을 제어할 수 있도록 만든 인터페이스를 뜻한다.

각 포털 사이트 및 이동통신사, 기관들이 블로그, 지도, 이미지, 그리고 동영상 등을 오픈 API로 공개하고 다양하고 재미있는 서비스 및 애플리케이션을 개발할 수 있도록 외부 개발자와 사용자들과 공유하고 있다.

● [대표적인 예]

　– 구글맵: 구글 맵의 API를 공개해 친구찾기, 부동산 정보 등 300여 개의 신규 서비스를 창출할 수 있었다.

　– 아마존: 아마존이 제공하는 상품정보를 오픈 API로 공개

　국내의 API 경우,

　– 우체국: 우편번호 및 종추적 검색을 오픈 API로 제공

　– GBIS 버스정보시스템: 버스 도착, 버스 위치 조회 서비스에 활용

■ 매시업(Meshup)

매시업이란 웹으로 제공되는 정보나 서비스를 융합하여 새로운 서비스로 만드는 행위를 말한다.

웹 개발 시 공개된 콘텐츠를 이용해서 새로운 유형의 콘텐츠를 만들어 내는 효과가 있다.

다양한 오픈 API를 이용하여 새로운 서비스나 소프트웨어를 창출한다.

미국을 중심으로 다양한 매시업 사례가 등장하고 있다.

대표적인 예로 구글맵에 부동산 매물 정보를 결합한 구글의 "하우징맵스"가 있다.

■ RSS(Really Simple Syndication)

RSS는 수시로 업데이트되는 뉴스나 정보 등의 콘텐츠를 실시간으로 맞춤 제공하기 위한 뉴스 레터형 구독물이다.

이용자가 한번 구독신청을 해놓으면 해당 블로그나 인터넷 사이트를 방문하지 않고도 업데이트되는 정보를 실시간으로 편리하게 받아 볼 수 있다.

RSS를 활용하여 웹 서비스의 개인화를 추구할 수 있다.

2. 미래의 인터넷

1) 미래 인터넷의 개요

■ 인터넷의 한계

인터넷이 시작된 이후 40여 년이 지난 지금의 인터넷은 당시 생각하지 못했던 많은 문제점 및 한계를 내포하고 있다.

- 포화 상태의 IP 주소
- 컴퓨터 바이러스 감염
- 불법 트래픽의 증가
- 다양한 단말기 사용과 무선 인터넷 이용 급증으로 인한 융합망 구조의 문제
- 소셜 네트워크 활성화로 인한 개인 프라이버시와 저작권 보호 문제
- 인터넷 활용 범위가 확대됨으로 트래픽 양이 폭발적으로 증가

2) 미래의 인터넷의 특징

■ 사용자 중심

미래의 인터넷은 사용자 중심으로 사용자의 편의를 위해 누구나 언제 어디서나 이동 중에도 정보 접근과 이용이 용이하도록 서비스될 것이다.

■ 사물인터넷

일상 생활에서 사용하는 사물 등에 센서 및 컴퓨터가 내장되어 있어 다양한 생활 정보를 제공하게 되고 다양한 지능형 인터넷 서비스가 제공될 것이다.

■ 광대역화 / 무선화

미래의 네트워크는 고품질의 인터넷 서비스를 제공하기 위해 광대역화되고 제한적 유선 서비스에서 무제한적 무선 서비스로 발전될 것이다.

■ 융합화

IT 기반의 융합 및 유비쿼터스 시대가 되면서 다양한 융합 서비스로 새로운 부가가치가 창출되고 있다.

단말기와 서비스, 네트워크 간의 융합 현상이 진행됨에 따라 인터넷 전화, IPTV, DMB, WiBro, Home Network 등과 같은 다양한 융합 서비스를 넘어 이러한 융합 환경에서 풍부한 멀티미디어 콘텐츠들이 창출될 것이다.

3) 가트너의 2016년 10대 전략 기술

❶ 디바이스 매시(The Device Mesh)

사물, 정보, 기기 등이 그물망처럼 연결되어 있는 것을 의미한다. 웨어러블(Wearable) 디바이스, 사물인터넷, 가상현실 등의 발전으로 수많은 정보가 연결될 것이다.

❷ 엠비언트 사용자 경험(Ambient User Experience)

물리적, 전자적 환경을 통합하여 주변 환경이 바뀔 때마다 실시간 정보를 제공한다. 사용자가 다른 장소로 이동하면 사용자 경험은 물리, 가상 및 전자 환경이 혼합되어 끊임없이 변동하는 디바이스와 상호작용 채널들 전반으로 이어진다.

❸ 3D 프린팅 재료(3D Printing Materials)

어떤 소재든 3D 프린팅이 가능해져 우주, 의료, 자동차, 에너지, 군대 등에 활용될 것이다.

❹ 사물정보(IoE, Information of Everything)

서로 다른 기기의 연결 기술과 전략을 통해 흩어져 있던 정보를 서로 연결시켜 새로운 가치를 창출한다. 결국 데이터를 어떻게 활용하느냐가 중요해졌다.

❺ 진보된 기계학습(Advanced Machine Learning)

심층 신경망을 통해 컴퓨터가 자동으로 세상을 인지하고 학습하는 머신러닝(Machine Learning)이 가능해진다.

데이터의 폭발적 증가와 정보의 복잡성으로 수작업 분석은 불가능해지고 비경제적이어서 이들 작업을 자동화하는 게 가능해진다.

❻ 자율 에이전트와 사물(Autonomous Agents and Things)

드론, AI, 가상비서 등 다양한 스마트 머신들이 더욱 똑똑해져 사람만이 할 수 있는 영역에 집중할 수 있게 될 것이다.

구글의 Now, 마이크로소프트의 Cortana, 애플의 Siri 등과 같은 VPA(Virtual Personal Assistants)는 더욱 지능화된다.

진정한 지능형 에이전트는 스마트폰의 버튼을 누르는 것이 아니라 사용자가 앱에 음성으로 명령하는 것이다.

❼ 능동형 보안 아키텍쳐(Adaptive Security Architecture)

보안이 탑재된 아키텍처를 적용하여 공격을 방어할 수 있도록 능동적인 보안을 하게 될 것이다.

❽ 진보된 시스템 아키텍쳐(Advanced System Architecture)

고도의 컴퓨팅 아키텍쳐가 등장하여 기술이 점점 더 사람의 뇌와 비슷한 학습을 할 수 있게 된다.

❾ 매시 앱과 서비스 아키텍쳐(Mesh App and Service Architecture)

수많은 앱과 서비스가 서로 느슨하게 연결되는 환경을 의미한다. 모바일 기술과 클라우드 환경에서 웹 스케일 확장, 유연성, 민첩성을 지원한다.

❿ 사물인터넷 플랫폼(Internet of Things Platforms)

사물인터넷 플랫폼 표준과 통합 기타 기술들이 사물인터넷의 요소들을 개발, 관리, 보호한다.

사물인터넷 플랫폼을 통해 디지털 매시, 앰비언트 사용자 경험과 관련된 기술이 현실화될 것이다.

---

* 가트너(Gartner) 리서치 (www.gartner.com)

1979년 기디언 가트너(Gideon Gartener)에 의해 시작되어 미국을 포함한 다양한 나라의 IT 분야 연구 및 자문 역할을 담당하는 회사이다.

가트너는 가장 빠르고 가장 훌륭한 IT 전문 자원에 대한 조사 및 발표를 한다고 자부하고 있는 리서치 기관으로 각 나라의 정부기관, 다국적 IT 기업 및 투자 회사 등 다양한 고객을 상대로 설문 조사부분에서 높은 신뢰도를 보여주고 있다.

2019년 기준으로 세계 100여 개국에 1만 5,000개 이상의 고객을 대상으로 천 여개가 넘는 IT 관련 토픽을 조사하고 47개 이상의 언어로 발표한다.

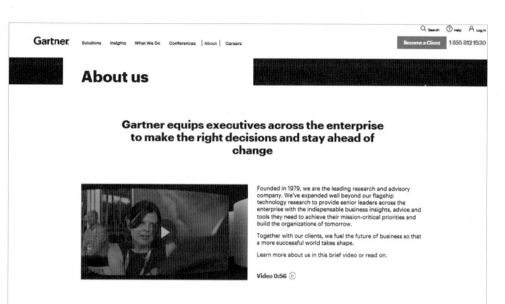

4) 가트너의 2020 전략 기술

Top 10 Strategic Technology Trends for 2020

A Gartner Special Report

Analyst(s): David Cearley, Brian Burke, David Smith, Nick Jones, Arun Chandrasekaran, CK Lu

Gartner's annual top 10 strategic technology trends highlight trends that enterprises need to consider as part of their five-year strategic technology planning process. These trends have a profound impact on people and the spaces they inhabit. Strategic technology trends have the potential to both create opportunity and drive significant disruption. Enterprise architecture and technology innovation leaders must evaluate these top trends to determine how combinations of trends can power their innovation strategy.

출처: www.gartner.com

❶ Hyperautomation (초자동화)

다수의 머신러닝, 패키지화된 SW, 자동화 툴을 결합시켜 감지, 분석, 설계, 자동화, 측정, 모니터링, 재평가 등의 모든 업무를 수행하는 것이다.

❷ EmpoweredEdge (자율권을 가진 엣지)

에지컴퓨팅은 정보처리, 콘텐츠 수집 및 전달이 정보의 출처, 보관장소, 소비자에 인접한 곳에서 처리되는 기술이다.

IoT 기기의 보급으로 데이터 양이 폭증하여 클라우드 컴퓨팅으로는 한계가 있다. 방대한 데이터를 중앙 집중 서버가 아닌 분산된 소형 서버를 통해 실시간으로 처리하는 기술이다.

에지컴퓨팅으로 지연 시간을 줄여 자율성을 더 가능하게 한다.

브라이언 버크 부사장은 "에지컴퓨팅은 사실상 모든 산업과 사용 사례를 아울러 지배적인 요소가 될 것"이라고 말했다.

❸ Multkexperience (다중경험)

가상현실, 증강현실, 혼합현실 등이 미래 다중센서나 다중 모드 경험으로 사람들이 디지털 세상을 인식하는 방식이 바뀐다. 즉, "사람이 기술을 이해하는 것이 아니고 기술이 사람을 이해하는 모델로 변화할 것"이라고 Brian Burke 가트너 리서치 부사장은 말했다.

❹ Distributed Cloud (분산형 클라우드)

기존의 퍼블릭 클라우드 서비스 제공 업체는 운영, 거버넌스, 개발에 대한 책임을 지는 서비스의 중앙화 모델이었다면 분산형 클라우드는 이러한 퍼블릭 클라우드 서비스가 다양한 장소에 배포되는 것으로 새로운 클라우드 컴퓨팅 시대를 견인한다.

❺ Democratization of Expertise (전문성의 민주화)

머신러닝이나 앱 개발 지식 또는 판매 프로세스, 경제분석 등의 전문 지식이 단순화된 경험을 통해서 사람들에게 제공된다.

❻ Autonomous Things (자율 사물)

자율 사물은 인간이 하던 일을 자동화하는 데 AI를 활용하는 실제 디바이스이다.

자율 사물은 로봇, 드론, 자율주행차 등의 형태로 구현된다. 이러한 디바이스의 자동화는 AI를 활용하여 주변 환경 및 사람들과 보다 자연스럽게 상호작용하여 점점 더 많은 자율 사물이 공공장소에 배치될 것이다.

❼ Human Augmentation (인간 증강)

물리적으로는 인간의 몸에 웨어러블 디바이스와 같은 기술 요소를 심어 신체적 기능을 변화시킴으로써 인간을 향상시킨다.

인식적으로는 컴퓨터 시스템과 스마트 공간 내 새로운 다중 경험 인터페이스상의 정보를 평가하고 애플리케이션을 활용하면서 인식의 증강이 이루어진다.

❽ Practical Bloockchain (실용적 블록체인)

블록체인은 투명성 제공, 잠재적 비용 절감, 거래 합의 시간 단축, 자금 흐름 개선 등을 통해서 산업을 재구성할 수 있는 잠재력이 있다.

다만, 아직까지 블록체인 기술의 낮은 확장성과 상호운용성 등 기술적인 문제가 있으나 그럼에도 불구하고 블록체인은 상당한 혁신 및 수익 창출 잠재력을 갖고 있다.

＊ 스마트 계약

스마트계약은 사전 협의 내용을 미리 프로그래밍해서 전자계약서 안에 넣어두고 조건이 충족되었을 경우 자동으로 계약이 성사되는 시스템이다. 이러한 거래는 블록체인으로 구현되어 중재자 없이도 자동으로 전송된다.

블록체인은 수많은 컴퓨터에 동시에 이를 저장하는 분산형 데이터 저장 기술로서 중간자에게 돈을 지불할 필요가 없어 시간과 갈등을 절약해준다.

❾ Transparency and Traceability (투명성 및 추적성)

인공지능과 첨단기술 사용에 대한 개인 데이터 보호와 관리의 위험이 증가하고 있어 투명성과 추적성이 디지털 윤리와 개인정보보호의 욕구를 충족하는 데 중요한 요소다.

❿ AI Security (인공지능 보안)

사물인터넷, 클라우드 컴퓨팅, 스마트 공간 내에서 고도로 연결된 시스템들로 공격 가능한 포인트가 광범위하게 늘어나 초자동화를 구현하는 비즈니스에서 보안은 중요한 과제가 된다.

3. 빅데이터

1) 빅데이터의 개요

■ 빅데이터란

디지털 시대에서 다양한 멀티미디어 콘텐츠 증가, SNS 서비스의 확산, 다양한 스마트 기기에 대한 이용 확대, 사물인터넷의 증가 등에 따라 새롭게 생성되고 유통되면서 기하급수석으로 생성뇌어 기존의 저상방식으로는 저상, 관리, 분석이 어려울 성노로 큰 규모의 데이터를 말한다.

■ 빅데이터 환경

SNS를 이용하는 사람들이 급증하면서 매일 대규모의 소셜데이터가 생성되고 이 데이터에는 사용자의 자발적인 의지가 담긴 개인 정보가 담겨 있어 활용가치가 크다.

스마트폰과 태블릿PC의 빠른 확산으로 실시간으로 스마트기기 이용정보와 함께 개인의 위치정보까지 수집되면서 기업의 마케팅 분야에서 데이터의 활용도가 날로 증가하고 있다.

M2M(사물지능통신: Machine to Machine) 또는 NFC(근거리 무선통신) 등이 주변 건물에 설치되면서 이용자들이 직접 데이터를 생성하지 않아도 주변에 설치된 장비가 스스로 다량의 데이터를 지속적으로 생성한다.

2) 빅데이터의 특징

데이터 규모가 방대하다.

생성 주기가 짧다.

형태가 다양하다 – 수치 데이터뿐 아니라 문자와 영상데이터를 포함한다.

비정형의 데이터이다.

소프트웨어 측면에서 오픈소스를 활용한 광범위한 데이터 분석[2]이 가능해졌다.

3) 빅데이터 국내 동향

세계 각국 정부와 산업계에서 빅데이터 분야에서 역량 강화를 위한 개발을 시작했다.

시장분석기관 IDC는 전 세계 빅데이터 시장이 지속적으로 증가해 2019년에 전 세계 빅데이터 시장 규모는 48억 달러로 예측했다.

국내 기업들도 빅데이터 시스템을 도입하기 시작하였고 빅데이터의 도입과 활용을 수행하기 위해서 적절한 전문 기술을 갖춘 빅데이터 전문 인력을 필요로 하기 시작했다.

▌직무별 빅데이터 전문인력 현황 및 전망

구 분	2016		2019		2016년 대비 2019년 필요인력 증가	
	인력 수	비중(%)	인력 수	비중(%)	인력 수	성장률(%)
빅데이터 개발자	2,703	29.0	5,841	37.0	3,138	116
빅데이터 엔지니어(하둡/NoSQL)	1,602	17.2	2,253	14.3	651	41
빅데이터 분석가	1,052	11.3	2,280	14.5	1,228	117
빅데이터 사이언티스트	1,662	17.8	2,218	14.1	556	33
빅데이터 컨설턴트	1,606	17.2	2,142	13.6	536	33
빅데이터 기획/마케터	696	7.5	1,038	6.6	342	49
합 계	9,321	100.0	15,772	100.0	6,451	69

출처: 한국정보화진흥원, 2016년 빅데이터 시장 현황조사, 2016

4) 빅데이터 활용 사례 (방송통신위원회, 빅데이터 서비스 활성화 방안, 2012)

▐ 구글

빅데이터를 이용하여 검색창에서 발열, 기침 등의 검색 빈도로 독감 유행수준을 파악하는 '구글 독감 트렌드 서비스'를 제공했다.

구글이 클라우드 기반의 빅쿼리 서비스를 제공하고 기업들이 '빅쿼리'를 이용하여 별도

---

2 인터넷백서(2017)에 따르면 빅데이터를 원유에 비유하고 있다. 빅데이터는 원유에 비견되는 소중한 자원이며 빅데이터를 어떻게 분석하고 활용하느냐에 따라 새로운 가치를 창출할 수 있다고 했다.

의 인프라 투자 없이 클라우드 환경에서 빅데이터 분석업무 수행이 가능하도록 지원하고 있다.

위메프는 2010년 창업 이후 매해 폭발적인 성장을 이루면서 대량의 데이터를 수집했고 이를 분석하기 위해 '빅쿼리'를 도입하여 데이터를 빅쿼리에 저장하고 이를 기반으로 다양한 서비스를 선보였다.

그중 2019년 4월 개인화 추천 서비스로 구매전환율을 70%까지 향상시켰다.

이외에도 대한항공, 삼성전자, LG전자, SK텔레콤 등 다양한 산업군에서도 빅쿼리를 도입하고 있다.

▮ 아마존

고객의 검색어와 도서 구입 패턴 분석을 통해 이전에 특정 도서를 구입한 사람이 어떤 관련 도서 등을 구입했는지 추천한다.

▮ 이베이

이용자의 구매 이력과 소셜미디어 활동 내용 등을 분석하여 지인을 위한 선물을 추천한다.

5) 빅데이터의 위험

- 개인의 취미, 기호, 건강 상태, 거주지, 콘텐츠 구매 이력 등 개인의 프라이버시에 해당하는 민감한 자료들이 광범위하게 취합되고 있다.

- 고객에게 맞춤형 서비스를 제공하기 위해서는 더욱 정밀한 고객 데이터가 필요하고 개인의 취향, 상태에 대한 분석이 가능해 특정 업체가 개인의 이력 정보를 보유할 가능성이 높아진다.

- 특정 업체가 합법적으로 데이터를 취득했다 해도 데이터 유통에 따른 프라이버시 문제가 발생할 수 있다.

- 블로그나 커뮤니티 서비스를 통해 축적된 데이터의 소유권에 대해 포털 서비스 업체와 이용자 간에 분쟁이 발생할 수 있다.

4. 5G

1) 5G 개요

최근 인터넷의 사용 범위가 단순 정보 검색이나 커뮤니케이션 활동에서 기가급 초고속 인터넷의 발달과 스마트 장치의 보급으로 영상이나 음악 등을 다운로드하거나 스트리밍을 이용하는 것으로 확대되었다.

가상현실과 같은 미디어 소비 폭증과 사물인터넷의 사용 증가에 따른 대량의 데이터 트래픽을 소화하려면 빠른 전송 성능을 가진 5G 이동통신 기술이 절실하다.

우리나라는 2016년 '가상현실 플래그십 프로젝트'에서 2016년~2017년 동안 약 500억 원을 투자해 5G이동통신 산업 주도권 확보와 융합 기술의 경쟁력 확보를 하였다.

4차 산업혁명을 선도하는 5G 이동통신 강국으로 도약하기 위해 서비스, 기술표준화, 5G 융합시장 선도 계획을 수립하고 2022년까지 5년간 약 1조 원을 투입할 계획을 수립했다.

2) 5G 3대 특성

특성	내용	기대효과
초고속	4G 대비 최고 20배 빠른 속도 구현	대용량 데이터 트래픽을 유발하는 4K, 8K, AR, VR 등 대용량 몰입형 콘텐츠 이용 보편화
초저지연	지연속도 1ms로 4G 대비 1/10로 감소	즉각적인 응답이 필요한 자율주행차, 원격의료에 활용되어 지연없는 실시간 서비스 구현
초연결	km^2당 100만 대 대규모 단말 동시접속 가능 4G 대비 에너지효율 100배 개선	대량의 단말가 센서를 연결할 수 있어 대규모 IoT 환경을 구현하여 스마트홈, 스마트시티, 스마트팩토리 지원

3) 5G 기술 동향

- 삼성전자의 경우

  2014년에 세계 최초 100km/h 속도로 이동 중에 11.3Gbps 데이터 전송속도를 내는 5G 이동통신 기술을 시연했다.

- LG U+의 경우

  5G 이동통신 기술시험센터를 구축하여 자율주행차량, 드론, 웨어러블, 센서 등 5G 이동통신 기반 서비스 기술을 개발 중에 있다.

2020년을 기점으로 글로벌 국가 간 5G 이동통신을 상용화하는 기술 개발이 시작되고 스마트시티 홈, 커넥티드카 위주의 융합 서비스를 통한 새로운 가치 창출이 발생할 것이다.

▮ MWC 2016

바르셀로나에서 개최된 MWC 2016에서 5G 이동통신 기술개발과 응용 산업 전시가 있었다.

5G 이동통신 주도권 선점 및 조기 상용화 달성을 위해 AT&T와 버라이즌 등이 시범 서비스계획을 발표하였다.

- 에릭슨 – 5G 이동통신 최대 전송속도 달성을 위해 최대 27Gbps 전송속도를 시연

  스카니아와 협업하여 차량 군집주행 서비스 및 로봇팔 제어를 위한 장거리 협업 시스템을 전시

- 화웨이 – 최대 70Gbps 전송속도를 시연

- 노키아 – 폭스바겐과 무인자동차 군집주행, 원거리 사용자간 초고화질 영상전송 및 가상현실게임을 시연

* MWC

모바일 월드 콩그레스(Mobile World Congress)의 줄임말이다.

전 세계 이동통신사와 휴대전화 제조사 및 장비업체의 연합이 주최하는 세계 최대 규모의 이동 · 정보통신 산업 전시회이다.

▣ MWC 2018

5G 이동통신 본격 상용화를 위해 노키아, 에릭슨, 화웨이, 삼성이 다양한 장비를 시연했다.

칩셋, 장비 솔루션을 활용한 초고속, 저지연, 초연결 분야에서 차별화한 다양한 융합 서비스가 선보였다.

특히 융합 서비스 분야에서는 증강현실, 로보틱스, 영상정보 등 5G 이동통신 기술 중 초고속, 저지연성을 강조한 미래 응용 서비스가 공개됐다.

KT는 여러 대의 드론이 촬영한 영상을 실시간으로 합성해 송출하는 5G 기반 방송 중계를 시연했다.

SKT는 상대방의 주변 환경을 입체적으로 보면서 통화할 수 있는 360도 5G 이동 통신 영상통화를 선보였다.

노키아는 로봇 기반의 온도, 촉감을 느낄 수 있는 서비스를 시연했다.

도코모는 5G 이동통신의 초저지연 특성을 이용한 휴머노이드 로봇과 AR 기반 포뮬러 원 자동차 경주를 시연했다.

| KT | SKT | 도코모 | 노키아 |

출처: 인터넷 백서, 2018, p433

4) 5G 표준화 동향

● 전송 속도 증가

ITU는 20Gbps의 최대 전송 속도와 어디서든 100Mbps 이상의 체감 전송 속도를 제공하는 것을 5G 이동통신의 목표로 두고 있다.

- 대량의 단말기 접속 지원

  전송 속도를 증가시키는 데에만 주력하지 않고 미래의 사물인터넷 시대를 위하여 대량의 단말기 접속을 지원하고 자율주행차 등을 위한 저지연을 목표로 하고 있다.

학습정리

1. 웹 2.0 기술

- 오픈 API

  누구나 사용할 수 있도록 공개된 API로 대표적인 예로 "구글맵", 인터넷 서점 "아마존"을 들 수 있다.

- 매시업

  웹으로 제공되는 정보나 서비스를 융합하여 새로운 서비스로 만드는 행위이며, 구글맵에 부동산 매물 정보를 결합한 구글의 "하우징맵스"가 대표적인 예이다.

- RSS

  수시로 업데이트되는 뉴스나 정보 등의 콘텐츠를 실시간으로 제공하기 위한 뉴스 레터형 구독물

2. 미래 인터넷의 특징

　사용자 중심

　사물인터넷

　광대역화 무선화

　융합화

3. 빅데이터

규모가 방대하다.

생성 주기가 짧다.

형태가 다양하다 – 수치 데이터뿐 아니라 문자와 영상데이터를 포함한다.

비정형의 데이터이다.

4. 5G

멀티미디어의 다운로드 및 스트리밍 서비스 수요 증가

가상 현실을 이용한 3D 산업 증가

사물인터넷 산업의 증가

20Gbps의 최대 전송속도와 어디서든 100Mbps 이상의 체감 전송속도를 제공하는 것이 목표

대량의 단말기 접속 지원

학습평가문제

1. 다음 중 웹 2.0을 나타내는 단어가 아닌 것은?

① 개방   ② 공유   ③ 오픈 API

④ 소유   ⑤ 융합

2. 다음 중 인터넷의 한계라 볼 수 없는 것은?

① 개인 프라이버시   ② 저작권 보호   ③ 바이러스

④ 포화상태의 IP 주소   ⑤ 무선 인터넷

3. 웹 2.0 기술 중의 하나로 수시로 업데이트되는 뉴스 등의 콘텐츠를 실시간으로 검색할 수 있게 해주는 것은?

① 오픈 API   ② Symentic Web   ③ RSS

④ 웹 스퀘어   ⑤ Meshup

4. 다음 중 미래 인터넷의 특징과 거리가 먼 것은?

① 사물인터넷   ② 무선화   ③ 융합화

④ 개발자 중심   ⑤ 광대역화

5. 빅데이터의 특징과 거리가 먼 것은 무엇인가?

① 데이터 규모가 방대하다.

② 정형화된 데이터이다.

③ 생성 주기가 짧다.

④ 형태가 다양하다 – 수치 데이터뿐 아니라 문자와 영상데이터를 포함한다.

6. IT 전문 조사기관인 가트너에서 2016년 10대 IT 전략 기술로 뽑은 기술에 속하지 않는 것은?

① 많은 웨어러블 디바이스들이 그물망처럼 서로 연결된다.

② 사용자가 장소를 이동하면 주변환경이 바뀔 때마다 변동되는 정보들이 제공된다.

③ 운영체제, 저장소, 응용 프로그램, 보안 등 전반적인 IT 자원들을 각자가 소유하게 된다.

④ 심층 신경망을 통해 컴퓨터가 자동으로 세상을 인지한다.

⑤ 고도의 컴퓨팅 아키텍쳐가 등장하여 기술이 점점 더 사람의 뇌와 비슷한 학습을 한다.

7. 다음 중 5G를 설명하는 단어에 적합하지 않은 것은?

① 스트리밍   ② 가상 현실   ③ 3D

④ 사물인터넷   ⑤ RSS

8. 5G 기술의 특징이 아닌 것은 ?

① 초저지연

② 초고속

③ 초연결

④ 초지능

9. 다음 중 빅데이터 활용과 관계가 없는 것은 무엇인가?

① 도서 구입 패턴 분석

② 음악이나 영상의 다운로드 및 스트리밍

③ 발열, 기침 검색 빈도 파악

④ 소셜 미디어 활용 내용 분석

10. 다음 중 5G 기술 표준화 동향에 대한 설명이 바르지 않은 것은 무엇인가?

① 어디서든 100Mbps 이상의 체감 전송속도를 제공하는 것을 목표로 두고 있다.

② 미래의 사물인터넷 시대를 위하여 대량의 단말기 접속을 지원한다.

③ 오픈 API를 통한 개발자 중심의 기술 개발

④ 자율주행차 등을 위한 저지연을 목표로 하고 있다.

정답

1. ④　　2. ⑤　　3. ③　　4. ④　　5. ②　　6. ③　　7. ⑤　　8. ④　　9. ②　　10. ③

CHAPTER 09

사물인터넷과 인터넷 융합 서비스

학습목차

1. 사물인터넷
2. 방송통신 융합 서비스
3. 스마트홈/스마트시티
4. 핀테크

학습목표

- 사물인터넷 동향에 대해 이해할 수 있다.
- 방송통신 융합 서비스의 특징에 대해 살펴볼 수 있다.
- 핀테크 결제 시스템에 대해 이해할 수 있다.

1. 사물인터넷

1) 사물인터넷의 발전 배경

인터넷은 일반인들이 미디어 콘텐츠 서비스를 이용하는 공간일 뿐 아니라 많은 개발자들이 컴퓨팅 자원을 활용하여 다양한 비즈니스를 창출시키는 혁신의 공간이 되었다.

저성장시대, 급변하는 환경에서 특정 산업, 특정 기술만으로는 한계가 있다.

산업구조를 개선하고 경제성장을 도모하기 위해서 세계 각국은 사물인터넷 및 융합 산업 경쟁에 돌입했다.

사물인터넷이 점점 우리의 실생활과 밀접해지는 이유는 크게 두 가지, 연결 디바이스의 증가와 센서 단가의 하락을 들 수 있다.

▌인터넷 연결 디바이스 증가 추이

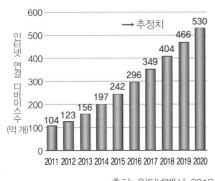

출처: 인터넷백서, 2018

▌센서 단가 하락 추이

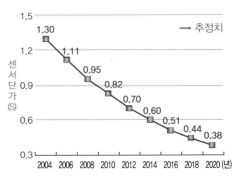

출처: 인터넷백서, 2018

2) 사물인터넷 동향

사물인터넷(IoT-Internet of Things)이란 사람이나 주변 사물들이 유·무선 네트워크로 연결되어 실시간으로 데이터를 주고받는 인터넷 환경을 의미한다.

1999년 MIT에서 RFID 전문가로 있던 케빈 애쉬톤(Kevin Ashiton)이 "RFID 및 센서를 일상생활 속 사물에 탑재함으로써 사물인터넷(IoT)이 구축될 것"이라고 IoT 용어를 처음 사용했다.

2015년 시장조사기관인 IDC는 아태지역(일본지역 제외)에서 IoT에 연결되는 디바이스가 2015년 31억 개에서 2020년에는 약 2.8배인 86억 개로 늘어날 것으로 예상했다.

🔲 유럽

'Horizon' 2020(2014년 ~ 2020년)에서 IoT 연구 개발 및 시범 사업을 추진하고 있다.

🔲 독일

2013년부터 '인더스트리 4.0'을 발표하여 IoT 산업 활성화를 추진하고 있다.

🔲 우리나라

고려대와 한국인터넷진흥원이 미국의 카네기멜론대, 영국의 옥스퍼드대, 스위스의 취리히연방공과대 등 4개국이 공동으로 참여하는 '사물인터넷 소프트웨어 보안 국제공동연구센터'를 개소하였다.

2015년에 'IoT 정보보호 로드맵 3개년(2015 ~ 2017) 시행계획'을 수립

- '사물 인터넷 장비 보안 인증제도' 도입 계획 – 사물인터넷 제품, 서비스의 신뢰성 확보를 위함

- '사물인터넷 보안 얼라이언스' 구성 – IoT 보안 이슈 논의 및 기술 자문

- '사물인터넷 보안 테스트베드' 구축 – 사물인터넷 관련 스타트업 중소업체 등의 보안 검증 환경 제공

미래창조과학부는 2015년 'K-ICT 전략'을 수립하여 향후 5년간 총 9조 원을 투입하여 ICT 산업 성장률 8%, 2020년 ICT 생산 240조 원, 수주 2,100억 달러 달성을 목표로 하였다. (한국인터넷진흥원, 인터넷백서 2016, p140)

또한 IoT를 위한 7개 산업분야를 지정하였다.

자동차, 모바일, 로봇, 보안, 의료, 환경, USN(유비쿼터스 센서 네트워크)

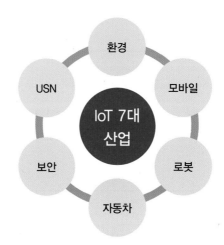

3) 사물인터넷 기술 구성 요소

▌ IoT서비스

산업, 공공, 개인 IoT 분야별 IoT 기반 서비스를 접목해 새로운 산업과 마켓 플레이스를 창출하고 있다.

▌ IoT플랫폼

과거 폐쇄적이던 플랫폼 환경이 오픈소스 기반 협업을 통해 스스로 진화하는 개방형 생태계로 변화하고 있다.

서비스 도메인별로 독립적으로 개발하던 수직 구조 플랫폼은 다양한 도메인의 서비스를 통합·수용하는 수평적 통합 구조의 플랫폼으로 진화하고 있다.

시스코, 아이비엠, 퀄컴, 인텔, 구글 등 글로벌 기업의 기술개발은 홈, 환경, 에너지, 교통 등과 같은 다양한 도메인 서비스를 통합해서 지원하는 수평적 플랫폼을 추구하고 있다.

▌ IoT네트워크

모든 사물을 인터넷으로 연결하는 과정에서 트래픽 급증을 예상함에 따라 사물인터넷 전용 네트워크 구축을 위해 국내 이동통신 3사는 LoRa, NB-IoT 등 사물인터넷 전용 망 구축에 박차를 가하고 있다.

저전력 통신 기술인 블루투스, 지그비(Zigbee) 등과 같은 기술을 활용하고 있다.

▐ IoT디바이스

사물에 대한 단순한 정보 수집 기능에서 다양한 네트워크 융합형 서비스를 제공하는 개방형 단말 기술을 개발하고 있다.

또한 연결할 사물의 수가 폭발적으로 증가하여 IoT 디바이스의 정보 보안에 관한 우려가 높아지면서 보안 기능 내장형 IoT 디바이스 플랫폼 기술도 개발하고 있다.

▐ IoT보안

사물인터넷이 모든 사물의 정보를 생성하고 공유할 수 있는 개방형 구조로 진화하면서 사물 및 데이터의 신뢰성을 보장할 보안 기술이 개발되고 있다.

4) 사물인터넷 사례[3]

amazon.com

아마존이 2015년부터 '아마존 대시 버튼'을 출시해 주문과 결제가 동시에 이루어지는 서비스를 제공했다. 대시 버튼의 한번 클릭만으로 주문, 결제가 가능하다.

그러나 AI(인공지능) 스피커인 알렉사(Alexa)로 더 간편한 쇼핑이 가능해지면서 '대시 버튼' 판매를 중단했다.

2018년 알렉사를 통해 물건을 구입한 숫자가 전년도 대비 3배 이상 증가했다.

출처: TECHSPOT

---

3 로고 출처: www.amazon.com, www.lg.co.kr, www.samsung.co.kr, www.uplus.co.kr, www.kt.com, www.yanolja.com

LG는 카카오톡과 라인 등의 모바일 메신저로 가전제품과 소통하는 홈챗을 출시했다. 스마트폰으로 가스를 잠그거나 온도 조절, 현관 도어락 등을 제어할 수 있는 서비스이다.

삼성은 사물인터넷 기업 Smart Things를 인수했고 이스라엘의 바이오 IoT 업체인 Early Sense에 1,000만 달러를 투자하여 기술 개발에 나섰다.

LG U+는 2015년 열림감지센서, 가스락, 스위치, 플러그, 허브 등 기능이 포함된 'IoT@Home' 서비스를 출시

KT는 2015년 스마트폰 앱을 통해 가정 내 IoT 생활기계의 상태를 확인할 수 있는 '기가 IoT 홈매니저' 서비스를 시작으로 2016년에 '기가 IoT 헬스밴드', '헬스 바이크' 등의 서비스를 추가했다.

숙박 서비스 '야놀자'는 중소형 숙박업에 사물인터넷 기술을 적용한 모델로 체크인 전 에어컨을 켜두거나 프론트를 거치지 않고 자동으로 체크아웃 할 수 있다.

2. 방송통신 융합 서비스

1) 디지털 융합의 개요

▮ 정의

디지털 융합이란 기존의 IT 제품이나 서비스가 서로 결합하여 새로운 상품이나 서비스로 재탄생하는 현상을 말하는 것으로 인터넷을 기반으로 산업과 산업이 융합하는 것을 의미한다.

디지털 융합은 방송통신의 융합, 생활에 필요한 주거 제품들의 융합, 금융 분야에서의 융합, 신체 및 환경 진단 기기들의 융합 등 다양한 산업분야에서 융합이 이루어지고 있다.

▮ 방송통신 융합 서비스

방송통신 융합 서비스에는 방송과 통신 서비스에서의 "서비스 융합"과 방송망과 통신망이 결합된 "망의 융합", 그리고 방송사업과 통신 사업의 경계가 허물어지는 "기업의 융합" 등이 있다.

● **방송 서비스 ➔ 통신 서비스 영역으로 확대**

　불특정 다수에게 단방향으로 무료 서비스를 제공하던 방송 서비스가 질 좋은 쌍방향 유료 서비스를 제공하고 통신 영역의 서비스였던 전화나 인터넷 서비스까지도 제공

● **통신 서비스 ➔ 방송 서비스 영역으로 확대**

　쌍방향 정보 교환 서비스를 제공하던 통신 서비스가 불특정 다수에게 일방적으로 정보를 분배하는 방식의 서비스를 제공

대표적 방송통신융합 서비스의 예로 DMB, IPTV, 스마트TV 등을 들 수 있다.

▮ IPTV(Internet Protocol Television)

IPTV란 초고속 인터넷을 이용하여 정보, 동영상 및 방송 등을 텔레비전을 통해서 제공받는 서비스를 말한다. 즉, 인터넷과 텔레비전의 융합 서비스로 흔히 "인터넷TV"라 부른다.

IPTV를 이용하려면 텔레비전, 디지털 컨버터(셋톱 박스), 그리고 인터넷 회선이 필요하다.

IPTV에서는 기존의 방송 콘텐츠뿐만 아니라 VOD 영화 감상, 홈쇼핑, 온라인 게임 등

쌍방향 서비스를 제공받을 수 있다.

국내 IPTV 제공 사업자로는 KT, SK브로드밴드, 그리고 LG U$^+$이다.

- **특징**

  침체된 유료 방송 시장의 활성화

  양질의 콘텐츠 경쟁

  소비자 선택의 폭 확대

  단방향 TV에서 쌍방향 TV로 변화

  시간에 구애받지 않고 시청 가능

3. 스마트홈/스마트시티

1) 스마트홈

스마트홈은 개인 주거에 필요한 모든 일상 제품 및 기기 등에 사물인터넷을 융합하는 것으로 우리 일상 생활 대부분의 영역에 걸친 융합산업의 핵심이라 볼 수 있다.

구글에서는,
스마트홈은 '조명, 난방, 보안, 가전 등을 원격으로 스마트폰과 컴퓨터로 제어할 수 있는 전자 설비 기기가 구축되어 생활 편의를 제공하는 주거 공간'이라 정의내리고 있다.

2) 스마트홈 관련 융합 산업

스마트홈과 관련된 업종을 살펴보면 가전, 보안, 교육, 의료, 에너지, 미디어, 건축, 모바일 등 다양하다.

스마트홈 대상 산업군으로는 홈네트워크 시큐러티, 스마트 융합기기, 스마트 러닝, 홈헬스, 그린 홈 빌딩, 홈엔터테인먼트, M2M 지능통신 등이 있다.

I 스마트홈 관련 융합산업　　　　　　　　　　　　　　　　출처: 한국스마트홈산업협회

3) 스마트시티

▨ u-City

센서 기술을 활용한 세계 최초 ICT 기반 스마트시티인 u-City는 센서를 활용해 도시 상황을 실시간 모니터링하고 이를 통해 도시 운영의 효율성을 높이는 동시에 시민에 관한 서비스도 개선하려 했다.

u-City는 도시 개발자의 시각을 반영하는 공급자 중심의 획일적인 서비스를 제공하는 데 그쳐 시민의 만족도를 높이지 못했다.

이런 문제로 개발 초기 이후 큰 성과가 없는 사이 미국과 유럽은 물론 중국, 중동이 스마트시티에 관한 투자를 높였다.

▨ 스마트시티(Smart City)

2018년 4차 산업혁명에 부합하는 새로운 추진 전략으로 u-City의 문제점을 극복하고 스마트시티를 시작했다.

IoT 전용망 구축, 세계 최초 5G 상용화 외에 2022년까지 초연결 지능 네트워크의 조기 상용화를 추진할 계획이다.

▮ 스마트시티 솔루션

스마트시티 솔루션은 두 가지 접근 방식을 병행하고 있다.

top-down 관점에서 중요성과 파급효과가 높은 솔루션을 집중해서 개발하는 한편, bottom-up 관점에서 기업과 지자체가 원하는 솔루션을 자유롭게 실험하게 하는 것이다.

▮ Top-down 방식

탑다운 방식의 솔루션은 교통 에너지, 환경, 도시행정을 대상으로 한다.

교통 분야에서는 고도화된 서비스를 제공하고 빅데이터를 활용하여 과적 단속, 사고 예방을 하고 교통상황에 맞게 최적의 신호 제어를 제공하는 교통 신호시스템을 진행하고 있다.

에너지 분야에서는 스마트미터 산업이 이미 성숙단계에 있고 소비자가 전력 절감 혜택을 누릴 수 있게 관련 정보와 인센티브를 제공한다.

환경 분야에서는 미세먼지 IoT 기반 측정설비를 확대 보급하고 전기 자동차와 관련하여 공공 급속 충전기 추가 설치를 계획하고 있다.

도시 행정 분야에서는 '도시운영 통합 플랫폼' 보급을 위해 각 지방에서 관리하는 교통, 방범, 방재 등 여러 분야의 정보 시스템을 서로 연계하는 플랫폼을 80개 지자체에 확대할 계획이다.

▮ 사람 중심의 스마트 시티

스마트시티는 사람 중심의 도시가 되기 위한 세 가지 충족 요건이 있는데 이 세 요건은 링컨 대통령의 연설문("사람의, 사람에 의한, 사람을 위한" – of the people, by the people, for the people)과도 연관된다.

1. 스마트시티는 모든 사람이 들어와 살 수 있는 '사람의' 도시여야 한다. 따라서 도시 운용의 목적이 효율성보다는 시민 편의와 행복이어야 한다. (사람의)

2. 스마트시티는 '사람에 의해' 기획하고 운영하는 도시이어야 한다. 일부 소수 공급자가 제공하는 스마트시티는 사람 중심이라는 가치를 보장하기 어렵다. (사람에 의한)

3. 스마트시티는 '모든 사람을 위한' 서비스를 지향해야 한다. 장애인, 저소득 가구 등 생활에 어려움을 겪는 사람을 위한 도시여야 한다. (사람을 위한)

(출처: 인터넷백서, 2018)

4. 핀테크

1) 핀테크의 정의

핀테크(FinTech)는 Finance(금융)와 Technology(기술)의 합성어로 금융위원회는 핀테크에 대해 "IT기술 기반 금융 서비스"라고 표현하였다.

즉, 종래의 비효율적인 전통적인 금융 산업의 효율성을 높이기 위하여 IT의 혁신적 기술과 서비스를 이용하여 금융서비스를 직접 제공하는 현상을 의미한다.

즉, 금융과 IT의 융합을 통한 금융 서비스 및 산업의 변화를 말한다.

▌ 핀테크 지원센터

우리나라는 핀테크 지원센터를 운영하고 있다. (http://fintechcenter.or.kr)

IT, 금융 융합 글로벌 경쟁력을 갖춘 혁신적 핀테크 서비스를 창출하고 우리나라의 新성장 동력으로 육성한다.

핀테크 사업자에 대한 '민·관'의 지원 역량을 집중시켜 핀테크 산업 저변을 형성하는 핀테크 스타트업의 성장을 유도하는 것이 주 업무이다.

2) 핀테크의 발전 배경

글로벌 금융 위기 – 비효율성, 보안 위기, 까다로운 금융 절차

IT 기술의 IoT(사물인터넷)로의 혁신적 진화

스마트 모바일 기기의 급격한 보급

바클레이즈 은행은 인터넷 뱅킹 사용 고객 200만 명을 유치하는 데 13년이 걸렸는데 모바일 뱅킹에는 겨우 8개월이 걸렸다고 밝혔다.

3) 핀테크 서비스 영역 분류

한국인터넷진흥원의 인터넷백서에서 참조한 핀테크 서비스 영역을 살펴보면 다음과 같다.

구분	종류	특징
송금	전자화폐, 모바일 및 이메일 송금	인터넷 플랫폼을 통해 송금의뢰자와 수탁자를 직접 연결시켜 송금 수수료를 대폭 낮추고 송금시간도 단축
결제	전자결제 서비스 (전자화폐, 간편결제)	IT를 활용한 다양한 결제기술로 간편한 지급 결제 서비스 제공, 결제 편의성 향상
자산관리	온라인펀드, 인터넷 은행, 보험, 증권	온라인으로 다양한 펀드를 살 수 있고 인터넷만을 통해 가입하는 보험
투자	소셜 크라우딩, 크라우드펀딩	대출, 창업자금 지원 등 투자 관련 서비스를 하는 온라인 플랫폼

출처: 여신금융연구소, 핀테크의 가치창출 요건 및 시사점, 2015; 인터넷 백서 (재구성)

4) 결제 방식의 진화

핀테크의 대표적 사례로 금융서비스의 변화로는 모바일뱅킹과 앱카드를 들 수 있고 산업적인 변화로는 애플페이, 알리페이, 삼성페이, 카카오페이, 네이버페이 등이 있다.

▨ 페이팔[4]

전자상거래가 발달하면서 지급 결제 방식에서도 변화가 일어났다.

최초의 온라인 지급 결제방식은 페이팔(Pay Pal)이다.

페이팔은 에스크로(escrow) 서비스를 기본 개념으로 한 서비스이다.

페이팔은 eBay에 인수된 후 급성장하여 전 세계 전자상거래의 최대 지급결제 서비스 업체가 되었다.

---

4 2005년 베리사인(VeriSign) 결제 솔루션을 인수
2007년 마스터카드와 제휴를 맺어 카드 결제 서비스를 발전시켰다.
2008년에는 보안업체 프로드사이언스(FraudSciences)를 인수하여 온라인 거래 보안을 강화시켰다.
2015년 이베이에서 분사된 후에도 매출 실적은 증가

구매자는 신용카드, 직불카드, 은행계좌, 페이팔 잔액 등 다양한 결제 방식을 사용할 수 있고, 주소나 16자리 카드번호, 유효기간 등을 입력하지 않아도 된다.

페이팔미(PayPal.Me)라는 개인 대 개인 금융 거래 서비스도 시작하였다.

* 에스크로란 거래 당사자의 요청에 의해 판매대금을 가지고 있는 제3자를 말한다.
즉, 온라인 구매 시 상품을 구매자가 구매 의사를 밝히면 제3자(페이팔)가 대금을 받아 가지고 있다가 구매자가 상품을 수령하고 물품을 확인한 후 판매자가 대금을 받는 방식이다.

▮ 애플 페이(Apple Pay)

애플이 제공하는 모바일 결제 및 전자 지갑 서비스로 아이폰 6, 6 플러스 이상, 애플워치 호환 기기(아이폰 5 이상), 아이패드 미니 3 이상에서 결제가 가능하다.

신용카드 정보를 폰에 먼저 저장해둔 후 스마트폰을 근접무선통신(NFC) 단말기에 대기만 하면 결제할 수 있어 편리하다.

애플 페이를 결제하기 위해서는 별도의 결제 단말기를 마련해야 되기 때문에 미국에서도 확산 속도는 빠르지는 않다.

▮ 삼성페이

삼성전자에서 제공하는 모바일 결제 서비스로, 기존의 앱카드가 사용하는 바코드 결제 방식이 아닌 근거리 무선통신(NFC)과 마그네틱 보안 전송(MST, Magnetic Secure Transmission) 방식을 지원하는 서비스이다.

삼성전자가 미국의 벤처기업 루프페이(LoopPay)의 특허 기술을 인수하였다.

이 기술은 기존 마그네틱 결제 시스템을 자기장으로 구현하는 기술로 일반 카드 결제 단말기에 스마트폰을 접촉하는 것으로 결제가 가능한 기술이다.

따라서 신용카드나 체크카드 정보를 스마트폰에 입력해, 신용카드를 긁는 대신 스마트폰을 마그네틱 신용카드 결제기 근처에 갖다 대면 기기 간 통신을 통해 결제가 이뤄진다.

2015년 8월 한국에서 정식 서비스 개시 후, 2015년 9월 미국, 2016년 3월 중국, 2016년 8월 러시아 등에서도 정식으로 서비스를 시작했다.

2015년 3월 초 CNN은 "애플 페이나 구글 월렛이 NFC 단말기가 있어야만 하는 것과는 달리 마그네틱 결제기로 작동하는 것은 혁신"이라고 했다.

■ 제로페이 (https://www.zeropaysupporters.or.kr)

2018년 소상공인 수수료 부담 제로 결제서비스를 도입했다.

금융사와 결제사들이 공동으로 QR코드 기반의 결제망을 구축하여 공급자와 소비자의 계좌 간 직접결제를 통해 수수료를 낮추는 것을 목표로 하고 있다.

연 매출 8억 원 이하의 소상공인에게만 적용되며, 8억 원 이하는 0%, 8억~12억은 0.3%, 12억 초과는 0.5%의 수수료가 부과된다.

간편결제들은 QR코드나 자체 단말기제공 등으로 자영업자들이 시스템 구축을 할 필요가 없는 방식이다.

정부가 만든 표준에 자사 시스템을 연동하기만 하면 정부가 알아서 가맹점 영업을 해준다.

● 제로페이 사용법

별도의 제로페이 앱이 존재하는 것이 아니고 참여 중인 은행들의 모바일 뱅킹 앱과 간편 결제 서비스에 QR코드 결제기능이 들어 있다.

소비자는 제휴 결제 플랫폼사의 앱을 통해 판매자가 게시해 놓은 고정형 QR코드를 카메라로 스캔 후 직접 금액을 입력하여 이체하고 결제 결과를 보여주면 거래가 완료된다.

카카오페이 같이 QR코드 찍은 후 계산할 금액을 입력하고 결제하는 방식이다.

2019년 5월 2일부터 6대 편의점(GS25, CU, 세븐일레븐, 미니스톱, 이마트 24, 씨스페이스)에서 바코드를 읽는 방식으로 결제 가능하다.

제로페이는 결제한 금액 중 40%를 소득액에서 공제해준다.

■ 중국의 결제 방식, 알리페이

중국은 신용카드 사용이 저조하고 현금은 위조지폐가 난무해 금융 인프라가 낙후되어 있었던 나라였다.

이러한 배경속에서 현금보다 편하고 안전한 결제 환경을 제공하는 모바일페이가 등장했다.

알리페이는 판매자와 구매자 사이에 임시 계좌를 만들어 구매자가 결제한 돈을 임시 계좌에 보관했다가 거래가 완료되면 판매자에게 전달해주는 시스템으로 QR코드에 갔다 대기만 하면 되는 결제 방식이다.

이 시스템은 중국에 진출한 이베이를 물러나게 하고 폭발적인 성장률을 보였다.

국민의 70% 이상이 사용하는 모바일페이 시장의 54% 점유율을 보였다.

▮ 위챗

위챗은 한국의 카카오톡이라 부른다.

위챗은 일상 상황에서 자전거를 빌리고, 택시를 부르고, 병원을 예약하고 공공기관에 돈을 납부하는 등 거의 모든 서비스에 연결되어 QR코드에 갔다 대기만 하면 결제가 이루어진다.

위챗은 '홍바오'로 돈을 보내고 해당 홍바오가 위챗에 연동된 은행 계좌에 입금된다.

홍바오는 랜덤으로 전달되고 2016년 춘제에 80억 8,000만 개의 홍바오가 수신되었는데 무려 5조 원에 달했다.

이때 연동된 계좌가 없으면 '홍바오'를 받을 수 없어 폭발적으로 가입하게 되었다.

위챗은 중국 모바일시장의 38.1%를 점유하고 있다.

학습정리

1. 사물인터넷이 점점 우리의 실생활과 밀접해지는 이유는 크게 두 가지, 연결 디바이스의 증가와 센서 단가의 하락을 들 수 있다.

2. 디지털 융합

   기존의 IT 제품이나 서비스가 서로 결합하여 새로운 상품이나 서비스로 재탄생하는 현상을 말하는 것이다.

   인터넷을 기반으로 산업과 산업이 융합하는 것을 의미한다.

   예) IPTV, 스마트TV

3. 방송통신 융합 서비스

   방송과 통신 서비스에서의 "서비스 융합"과 방송망과 통신망이 결합된 "망의 융합", 그리고 방송 사업과 통신 사업의 경계가 허물어지는 "기업의 융합" 등이 있다.

4. 스마트홈

   '조명, 난방, 보안, 가전 등을 원격으로 스마트폰과 컴퓨터로 제어할 수 있는 전자 설비 기기가 구축되어 생활 편의를 제공하는 주거 공간'

5. 핀테크의 발전 배경

   글로벌 금융 위기 – 비효율성, 보안 위기, 까다로운 금융 절차

   IT 기술의 IoT로의 혁신적 진화

   스마트 모바일 기기의 급격한 보급

   애플페이, 삼성페이, 제로페이, 알리페이, 위챗

학습평가문제

1. 다음 지문에서 설명하는 내용의 공통점이라 할 수 없는 것은?

> "모바일 메신저로 가전제품과 소통하는 홈챗을 출시
> 스마트폰 앱을 통해 가정 내 생활 기계의 상태를 확인
> 호텔 체크인 전 에어컨을 켜둠"

① 사물인터넷

② 에스크로

③ 유, 무선 연결

④ 5G

2. 다음 중 인터넷 융합을 의미하는 것과 거리가 먼 것은?

① 스마트홈

② IPTV

③ 웨어러블 디바이스

④ WiFi

3. 다음 중 핀테크에 대한 설명이 틀린 것은?

① Finance(금융)와 Technology(기술)의 합성어이다.

② 첨단 IT 기술 기반 금융 서비스라 송금 수수료율이 높다..

③ 금융 산업의 효율성을 높이기 위함이다.

④ 금융과 IT의 융합 서비스이다.

4. 다음 중 핀테크 기술의 발전 배경으로 볼 수 없는 것은 무엇인가?

① 까다로운 금융 절차

② 스마트 모바일 기기의 급격한 보급

③ 금융 보안 위기

④ 블록체인

5. 사물인터넷의 최근 기술 동향에 대한 설명이 바르지 않은 것은 무엇인가?

① 4차 산업혁명 시대에 메인 키워드

② 디바이스의 통일화

③ 센서 단가의 하락

④ 국내외 사물인터넷 표준화 법 추진

6. 온라인 구매 시 구매자가 구매 의사를 밝히면 제3자(페이팔)가 대금을 받아 가지고 있다가 구매자가 상품을 수령하고 물품을 확인한 후 판매자가 대금을 받는 방식의 금융 서비스와 관련된 용어는 무엇인가?

① 에스크로(escrow)

② 삼성페이

③ 애플페이(Apple Pay)

④ 핀테크

7. 다음 용어들의 공통점이라 볼 수 없는 것은 무엇인가?

> 애플페이, 삼성페이, 제로페이, 알리페이, 위챗

① 핀테크

② 웨어러블 디바이스

③ IT 기술 기반 금융 서비스

④ 모바일 결제 서비스

8. 다음 중 QR코드에 갔다 대기만 하면 되는 결제방식이 아닌 것은 무엇인가?

① 삼성페이

② 제로페이

③ 알리페이

④ 위챗

9. 사물인터넷 구성요소의 특징에 대한 설명 중 틀린 것은 무엇인가?

① 스스로 진화하는 개방형 생태계로 변화

② 서비스 도메인별로 독립적으로 개발하던 수직 구조 플랫폼

③ 서비스를 통합 · 수용하는 수평적 통합 구조의 플랫폼

④ 트래픽 급증을 예상함에 따라 사물인터넷 전용 네트워크 구축

10. 스마트 시티의 Top-Down 방식의 솔루션에 대한 설명이 아닌 것은 무엇인가?

① 교통 분야에서는 고도화된 서비스를 제공

② 에너지 분야에서는 소비자가 전력 절감 혜택을 누릴 수 있게 관련 정보와 인센티브를 제공

③ 환경 분야에서는 전기 자동차와 관련하여 공공 급속 충전기 추가 설치를 계획

④ 도시 개발자의 시각을 반영하는 공급자 중심의 서비스를 제공

정답

1. ②   2. ④   3. ②   4. ④   5. ②   6. ①   7. ②   8. ①   9. ②
10. ④ (해설: ④번은 U-city 초기 개발 방식으로 만족도가 높지 않아 성과가 없었다.)

CHAPTER **10**

인터넷 침해사고 유형 및
인터넷 인증기술

학습목차

1. 인터넷 침해사고
2. 인터넷 침해사고 대응
3. 인터넷 인증 기술
4. 인터넷 이용자의 정보보호 대응
5. 정보관리자의 정보보호 대응

학습목표

• 인터넷 침해사고의 유형 및 대응 방법에 대해 살펴볼 수 있다.
• 인터넷상에서 개인정보보호를 위한 방법에 대해 이해할 수 있다.
• 인터넷 관련 보안 인증 기술에 대해 익힐 수 있다.

1. 인터넷 침해사고

1) 인터넷 침해사고 유형

▐ 바이러스

불특정 다수에게 피해를 주기 위한 목적으로 컴퓨터 프로그램이나 메모리에 자신 또는 자신의 변형을 복사해 넣는 방식으로 다른 컴퓨터를 감염시키는 컴퓨터 프로그램 또는 실행 코드이다.

▐ 스파이웨어

이용자의 동의 없이 정보통신기기에 설치되어 개인의 정보를 수집하거나 정보통신시스템, 데이터 또는 프로그램 등을 훼손하여 정상 프로그램을 방해하는 악성프로그램이다.

이용자의 동의 없이 웹 브라우저의 홈페이지 설정이나 검색 설정을 변경하기도 하고 실행 프로그램이 정상적으로 운영되지 못하도록 방해하거나 삭제한다.

또한 컴퓨터 키보드로 입력한 내용이나 모니터 화면에 표시된 내용을 수집하여 타 컴퓨터로 전송한다.

▐ 애드웨어(Adware)

무작위로 사용자의 컴퓨터에 광고성 팝업 창을 띄운다.

사용자가 의도하지 않아도 웹 브라우저의 초기화면을 특정 사이트로 고정시킨다.

▐ Dos(Denial of Service)

시스템의 데이터나 자원을 사용자가 사용하는 것을 방해하는 행위로 주로 시스템에 과부하를 일으켜 시스템 사용을 방해하는 공격 유형이다.

스팸메일이 이에 해당한다.

▐ DDos(Distributed Dos_분산 서비스 거부) 공격

DoS용 에이전트를 시스템에 여러 개 설치하고, 이 에이전트를 제어하여 여러 군데서 분산된 DoS 공격을 동시에 하여 엄청난 분량의 패킷을 동시에 보내 네트워크의 성능 저하나 시스템 마비를 가져오게 한다.

공격자가 누군지에 대한 추적 및 공격 트래픽의 차단이 어렵다.

피싱(Phishing)

정상적인 웹 서버를 해킹하여 위장 사이트를 개설한 후, 인터넷 이용자들이 위장된 사이트로 방문하게 하고 사용자의 금융정보 등을 빼내는 신종 사기 수법으로 Bank Fraud, Scam이라고도 한다.

스미싱(smishing)

문자메시지(SMS)와 피싱(Phising)의 합성어로 악성 앱 주소가 포함된 휴대폰 문자(SMS)를 대량으로 전송 후 이용자가 악성 앱을 설치하도록 유도하여 금융정보 등을 탈취하는 신종 사기 수법이다.

좀비(Zombie)PC

본인도 모르게 자신의 컴퓨터가 해커의 원격 조종으로 스팸을 발송하거나 DDoS 공격을 수행하도록 설정된 컴퓨터나 서버를 말한다.

봇(Bot)이라 불리는 해킹 프로그램에 감염되면 감염된 컴퓨터는 다른 사람에 의해 원격 조종될 수 있다.

봇에 감염된 PC는 피해자가 피해 증상을 눈치채지 못하는 사이 스팸 메일 및 불법 프로그램을 타 컴퓨터로 유포하고, 정보를 유출하는 행위에 이용되게 된다.

랜섬웨어

몸값(Ransome)과 소프트웨어(Software)의 합성어로 시스템을 잠그거나 데이터를 암호화해 사용할 수 없도록 하고 이를 인질로 금전을 요구하는 악성 프로그램을 말하며 신뢰할 수 없는 사이트, 스팸메일, 파일공유 사이트를 통해 유포된다.

스카이고프리(Skygofree)

2017년에 처음 발견된 강력한 스파이 기능을 갖춘 새로운 안드로이드 멀웨어이다.

사용자 몰래 와이파이에 접속하고 왓츠앱(WhatsApp)에 있는 데이터를 다른 곳으로 전송시킨다.

데이터 전송뿐 아니라 모바일기기로 사진과 동영상도 촬영하고 위치정보를 복사하는 등 기기 사용자의 정보를 탈취하는 데 특화되었다.

■ 암호화폐 채굴 악성코드(마이너 악성코드)

스마트폰 사용자를 타깃으로 모바일 게임, 암호화폐 지갑 앱 등을 위장하여 마이너 악성코드를 유포한다.

기업 타깃의 경우 서버 취약점을 악용해 고성능 서버 장비에 채굴 악성코드를 설치하는 사례가 발견되었다.

가상화폐의 경우 타인이 소유한 가상화폐를 구매하거나 복잡한 암호를 풀어 가상화폐를 획득하는 채굴이 있는데 해커가 이 채굴 방식을 이용하여 악성코드를 사용자 몰래 PC에 주입하여 가상화폐를 채굴하여 이득을 취하게 된다.

또는 웹페이지 내부에 악의적인 코드를 삽입해 해당 웹 사이트를 방문한 사용자의 웹 브라우저에서 채굴 프로그램을 동작시키기도 한다.

■ 모바일용 채굴 악성코드 종류

- 크립토재킹(Cryptojacking)

  '암호화폐(cryptocurrency)'와 '납치(hijacking)'의 합성어로, 스마트폰에 침투한 악성코드가 사용자 몰래 가상화폐(암호화폐)를 채굴하여 가로채는 방식을 뜻한다. 크립토재킹 악성코드는 주로 모바일 게임 앱 등으로 위장해 유포되고 있다.

  악성코드가 가상화폐를 채굴하면 스마트폰의 CPU 사용량이 급증하여 성능이 저하되는데 사용자는 악성코드의 채굴 사실을 알지 못한 채 게임 애플리케이션이 실행되기 때문이라고 생각하기 쉽다.

- 페이크월렛 유형

  가상화폐 지갑(Wallet) 앱으로 위장한 채굴 악성코드 유형이다. 가짜 지갑 앱은 사용자 고유의 지갑 주소를 생성해주는 것처럼 보이지만 실제로는 해당 앱을 설치한 모든 사용자에게 동일한 지갑 주소를 생성하는데 해당 주소는 공격자의 지갑 주소이다.

▌게임 앱으로 위장한 악성앱

**▌유명 가상화폐 지갑 앱으로
위장한 악성 앱**

출처: www.ahnlab.com

● 클리퍼(Clipper)

클리퍼 유형은 스마트폰의 클립보드에 지갑 주소가 감지되면 해당 정보를 공격자에게 전송하는 방식이다. 많은 사용자들이 복잡한 가상화폐 주소를 직접 입력하는 대신 클립보드를 이용해 그대로 전송하는 것을 노린 것이다.

클리퍼 방식의 악성 앱은 스마트폰에 설치되면 아이콘을 숨긴다. 사용자가 해당 앱을 실행하면 '지원하지 않는 기기이므로 앱을 삭제했습니다(Not supported on your device and deleted)'라는 메시지를 보여준다. 그러나 실제로는 사용자 몰래 실행되면서 클립보드를 모니터링하면서 지갑 관련 정보로 보이는 것이 감지되면 이를 공격자의 서버로 전송한다.

(출처: www.ahnlab.com)

2) 인터넷 침해 대응 동향

(1) 인터넷침해사고대응센터 운영

우리나라는 KISA보호나라&KrCERT(http://www.krcert.or.kr, www.boho.or.kr)를 운영하여 인터넷 침해사고에 대응하고 있다.

24시긴 365일 인디넷 트래픽을 모니디링

보안 위협에 대한 정보를 수집, 분석하여 조치

국내 · 외 유관 기관과 공조 체계를 구축

(2) 악성코드 은닉 홈페이지 탐지 및 대응

악성코드가 숨겨져 있는 홈페이지를 방문하여 악성코드에 감염되는 것을 방지하기 위해 국내 250만 개 도메인에 대해 악성코드 은닉 여부를 점검

악성코드가 탐지된 홈페이지는 해당 사실을 운영자에게 알리고 웹 서버의 보안 강화조치를 요청

(3) 감염 PC 사이버 치료체계 구축 운영

2011년부터 '감염PC 사이버치료체계' 서비스를 본격적으로 시작

침해사고에 악용되어 공격을 유발하는 PC 이용자에게 감염사실을 통보하고 맞춤형 전용 백신을 제공

(4) 피싱, 파밍, 스미싱 등 전자금융사기 대응 강화

대부분의 파밍 사이트가 주로 해외에 위치하여 ISP의 협조를 통해 국내에 위치한 서버 주소임에도 해외 사이트로 접속하는 트래픽을 차단하는 '파밍 사이트 접속 차단 서비스'를 구축하여 운영하고 있다.

(5) 모바일 악성코드 대응 및 스마트폰 보안 강화

모바일 악성코드는 모바일 기기 사용 증가와 함께 대폭 증가하였고 해가 갈수록 계속 증가하고 있다.

'스마트폰 보안 전문가 자문단' 운영 - 미래창조과학부와 한국인터넷진흥원이 운영하고 이동통신사, 스마트폰 제조사, 백신 및 보안 솔루션사, 모바일 애플리케이션 개발사 등 이 참여했다.

국내 제조사의 모든 스마트폰 발매 시 스미싱 차단 애플리케이션을 기본으로 탑재하도록 하였다.

2. 인터넷 침해사고 대응

1) 인터넷 침해사고 일반적 대응 지침

자신이 이용하는 운영체제의 최신 보안업데이트를 주기적으로 실행한다.

공인받은 백신 S/W를 설치하여 실시간 감시 기능을 활성화시킨다.

인터넷상에서 파일을 다운로드할 때는 반드시 바이러스 점검을 먼저 한다.

발신처가 분명하지 않은 메일은 열지 말고 바로 삭제한다.

데이터와 프로그램을 따로 분리 저장하여 컴퓨터 감염 시 데이터를 복구할 수 있도록 한다.

* 한국인터넷진흥원에서 인터넷 이용자들이 인터넷 침해사고(해킹, 바이러스 등) 및 불법 스팸, 개인 정보 침해사고를 예방하고 대응할 수 있도록 유용한 정보 및 콘텐츠를 알기 쉽게 제공하는 포털사이트인 보호나라(http://www.boho.or.kr)를 운영하고 있다.

2) 스미싱 대응

악성앱을 설치하기 위한 인터넷주소(URL)가 문자메시지에 포함되어 가짜 사이트인 피싱사이트로 연결된다.

가짜 인터넷주소는 단축 서비스를 이용하여 이용자가 웹 사이트 정보를 알기 어렵고 정상적인 사이트와 매우 유사하게 모방되어 있다.

■ 관심을 유도하는 대표 유형의 문자 사례

대표 유형	사례 이미지
지인 사칭 유형	★돌★잔★치★초★대★장★ 보냈습니다 "co*y.c*m/xM*El*PvL*gSeg*s"
택배 사칭 유형	고객님의 택배가 부재중으로 반송되었습니다 i*.g*/Lu*Lno*
공공기관 사칭 유형	[범칙금고지서]교통법규 위반으로 고지서가 발부되었습니다 my.m*fi*e.k*r

출처: http://www.krcert.or.kr/cyber/smishing.do

■ 스미싱 피해 시 대응 방법

❶ 악성 애플리케이션 삭제하기

모바일 백신으로 악성앱 삭제 – 문자 메시지에 포함된 인터넷 주소를 클릭하는 것만으로 악성코드에 감염되지는 않고 첨부된 인터넷 주소를 통해서 특정 애플리케이션을 설치했다면 악성코드 감염을 의심해야 한다.

❷ 악성 애플리케이션 설치 파일(APK) 삭제하기

스마트폰에 악성앱이 설치되기 위해서는 해당 악성앱을 설치하는 설치 파일(APK 파일)이 필요하다. 스미싱 문자 메시지에서 인터넷 주소를 클릭하면 APK 파일이 다운로드되고, 해당 APK 파일을 실행하면 악성앱이 설치된다.

악성앱뿐만 아니라 해당 APK 파일까지 삭제해야 추후 악성앱이 재설치될 가능성을 예방할 수 있다.

APK 파일은 스마트폰에 기본적으로 설치되어 있는 '파일관리자', '내파일' 등 파일 관리 애플리케이션에서 'Download 폴더'를 확인하여 삭제가 가능하다.

❸ 공인인증서 폐기 및 재발급하기

악성앱에 감염되었던 스마트폰으로 모바일 금융 서비스를 이용했다면 공인인증서, 보안카드 등 금융거래 정보가 유출되었을 가능성이 있다.

2차 피해 발생을 막기 위해 공인인증서 외에 금융 거래에 필요한 정보를 사진, 메모장에 기록했다면 폐기 처분하고 재발급받아야 한다.

3) 랜섬웨어 대응

▮ 랜섬웨어 감염 경로

● 신뢰할 수 없는 사이트

음란물, 무료 게임 사이트 등 보안 관리가 미흡한 사이트를 방문하는 것만으로도 감염될 수 있다.

● 스팸메일

출처가 불분명한 이메일 수신시 첨부파일이나 URL 링크를 통해 악성코드를 유포할 수 있다.

● 파일공유 사이트

'토렌토' 같은 p2p 사이트에서 동영상파일을 다운받아 실행시킬 경우 감염될 수 있다.

▮ 랜섬웨어의 예

● 록키(Locky)

'16년 3월 이후 이메일을 통해 Invoice, Refund 등의 제목을 이용해 유포되었다. 압축파일들을 첨부하고 이를 실행 시 랜섬웨어에 감염된다.

● **사이보그 랜섬웨어**

실제 MS의 윈도우용 업데이트 파일이 아니라 사이보그(Cybort)라는 이름의 랜섬웨어로 가짜 업데이트의 출처는 마이크로소프트인 것처럼 위장되어 있으며, "최신 중요 업데이트(lastest critical update)"라는 내용이 덧붙어 있다.

● **류크(Ryuk) 랜섬웨어**

북한의 해커조직에서 제작한 것으로 미국의 루이지애나 주의 기관 서버, 노스캐롤라이나 등이 랜섬웨어에 공격당했다.

▥ 랜섬웨어 피해 시 대응 방법

❶ 카스퍼스키 랜섬웨어 복구 프로그램

　http://news.kaspersky.co.kr/news2015/10n/151029.htm

❷ 알약 랜섬웨어 복구 프로그램

　http://www.alyac.com/ransomware_protection/

　http://www.estsecurity.com/ransomware

❸ 안랩 랜섬웨어 복구 프로그램

http://www.ahnlab.com/kr/site/securityinfo/ransomware/index.do

4) DNS 싱크홀 대응

악성봇에 감염된 PC를 해커가 조종하지 못하도록 악성봇과 해커의 명령/제어 서버 간
연결을 차단하도록 '보호나라'에서 제공하는 서비스이다.

악성봇이 명령/제어 식별정보중 도메인을 사용하는 경우, 응답 IP주소를 싱크홀 서버
로 변경하는 방법이다.

자체 DNS 서버를 운영하는 민간 기관을 대상으로 제공된다.

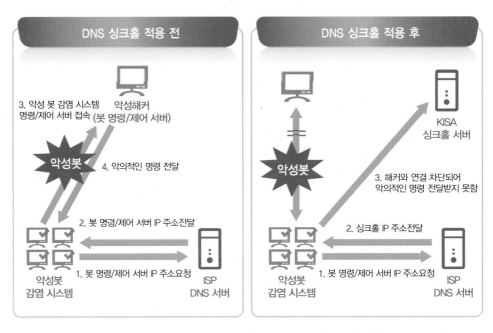

출처: http://www.boho.or.kr/webprotect/dnsSinkhole.do

5) PC 원격 점검

개인의 PC가 악성코드, 바이러스 등에 감염되었을 때 이용자 스스로가 검사, 치료하기 어려운 경우 KISA 보호나라에서 감염된 PC에 원격으로 접속하여 악성코드, 바이러스 등을 무료로 제거해준다.

단, 점검 대상은 가정용 개인 PC에 한한다.

6) 사이버 대피소 대응

사이버 대피소는 피해 웹 사이트로 향하는 DDoS 트래픽을 대피소로 우회하여 분석, 차단함으로써 PC가 정상적으로 운영될 수 있도록 보호나라에서 운영하는 서비스이다.

이 서비스는 중소기업을 대상으로 하는 무료지원 서비스로 사전 등록을 해 놓으면 DDos 공격 발생 시 바로 방어 서비스가 적용된다.

3. 인터넷 인증 기술

사이버 환경에서 유통되는 정보의 신뢰성을 얻거나 적법한 사용자나 기기를 식별하는 데 인증 기술이 사용된다.

1) 지식 기반(Knowledge-based) 사용자 인증 기술

사용자와 서버가 미리 설정하고 공유한 비밀 정보를 기반으로 사용자를 인증하는 방식이다.

별도의 하드웨어가 필요 없어 적은 비용으로 사용자의 편리성을 높일 수 있다.

패스워드 인증 방식이 그 한 예로 인증 강도가 다른 방식에 비해 낮아 취약점이 나타난다.

2) 소유 기반 인증 기술

인증 토큰을 이용하는 방식이다.

토큰 관련 인증 시스템 구축이 어렵다는 단점이 있다.

하드웨어 방식의 단말기로는 'OTP'를 예를 들 수 있다.

소프트웨어 방식으로는 '공인인증서'가 있다.

3) 생체 기반 인증 기술

사용자 고유의 신체 구조를 이용하거나 행동했을 때의 결과를 기반으로 인증한다.

얼굴 인식, 홍채 인식, 지문 인식, 심박도, 심전도 인식 등 다양하다.

생체 인증 기술은 별도의 토큰이나 알고 있어야 할 정보가 없어 편리성이 높고 사용자 고유의 신체이기 때문에 보안성이 높다.

그러나 시스템 구축과 관리가 어렵다는 단점이 있다.

2015년도 애플과 구글이 자사 스마트폰에 지문 인식 기술을 적용하기 시작했다.

마이크로소프트는 음성 인식 '코타나', 지문 인식용 '윈도헬로' 등을 윈도우10에 적용했다.

삼성전자는 갤럭시 S6에 지문 인식 기술을 탑재하여 삼성페이 서비스를 제공하고 있다.

"글로벌 시장조사 기관인 트랙티카(Tractica)에 따르면, 전 세계 생체 인식 시장은 2015년 20억 달러에서 25.3%의 연평균 성장률을 보여 2024년 149억 달러에 이를 것으로 전망하고 있다. 핀테크, 헬스케어 등의 분야에서 모바일 생체 인식 기술을 적용한 스마트 모바일 디바이스는 2020년 48억 대에 이를 것으로 전망된다."

(출처: 인터넷백서 2017, p539)

4) FIDO 기반 인증 기술

FIDO 연합은 온라인 보안 인증 관련 기업들의 연합체로서 온라인 환경에서 보다 안전하고 편리한 인증시스템을 공통으로 구축하고 공통 시스템 표준을 개발하는 것을 목적으로 하고 있다.

구글, Paypal, Visa, Master 카드 등 30여 개의 기업들이 참여하여 USIM 기반 인증, 지문, 음성 인식 등 간편하면서도 보안 강도가 높은 방식을 선호한다.

FIDO 기술은 삼성페이, KEB하나은행, 신한은행 등의 결제에서 사용되고 있다.

5) 아이핀(i-PIN)

아이핀은 발급기관 홈페이지, 동주민센터를 방문하여 발급받을 수 있다.

아이핀은 발급 시 설정한 ID/PW와 2차 인증 방식을 이용한다.

2차 인증 방식으로는 OTP, 지문 인증, 목소리 인증 등을 사용한다.

2016년부터 ID/PW를 기억하기 어려운 문제로 '간편인증방식'을 추가해 QR 스캔을 통해 모바일 앱 인증만으로 아이핀을 사용할 수 있다.

6) 휴대폰 인증

대부분의 국민이 휴대폰을 보유하고 있다는 보편성에 기반을 두고 있다.

본인 명의 휴대폰을 통해 수신한 SMS 인증 번호를 인증창에 입력하여 인증받은 방식이다.

이 또한 2016년에 '간편인증방식'을 도입해 모바일 앱, 지문 인증, 목소리 인증 등 편의성을 강화했다.

7) 공인인증서

공인인증서는 인터넷상의 전자거래 등에 활용되고 있는 사이버 인증서로 공인인증기관을 통해 발급받으며, 발급 시 USB, 외장하드 등 저장매체에 저장하고 인증서 패스워드를 설정할 수 있다. 이용자는 공인인증서(저장매체)와 인증서 패스워드를 입력하여 본인 확인을 할 수 있다.

8) 마이핀(My-PIN)

마이핀은 오프라인에서 주민번호 없이 본인 확인을 할 수 있는 수단이다.

마이핀은 i-PIN 발급 시 함께 생성하거나 'i-PIN 관리' 메뉴를 통해 생성할 수 있는 13자리 번호이다. 이용자는 오프라인에서 본인 확인이 필요한 경우에 이름, 마이핀 번호를 제시하여 주민번호 없이 본인 확인을 할 수 있다.

9) 공인전자문서

전자문서란 전자적으로 작성되고 송수신, 저장되는 정보로 워드프로세서, 엑셀 등으로 작성된다.

종이 문서에 비해 대량 정보 저장이 가능하지만 위·변조에 취약하다는 단점이 있다.

전자문서의 안전성과 신뢰성을 높이기 위해 정부의 지정을 받은 공인전자문서센터가 전자문서를 안전하게 보관한다.

우편과 인편을 이용한 문서 유통은 시간과 장소의 제약이 있어 편리하게 사용할 수 있는 전자 문서의 비중이 증가하고 있다.

2 신속하게 문서 유통 및 전달

hwp

1 대규모 문서도 언제, 어디서든지 신속하게 보관

3 언제, 어디서나 문서를 쉽고 빠르게 검색

4 가상공간에 존재하기 때문에 언제 어디서든 활용 가능

5 종이 출력, 유통, 보관, 폐기 비용 및 노력이 들지 않음

| 전자문서의 장점

출처: 인터넷백서, 한국인터넷진흥원, 2018, p491

공인전자문서센터

타인을 위하여 전자문서를 보관하는 '신뢰할 수 있는 제3의 기관'이다.

또한 안전한 보관을 위하여 특정 센터 사업자가 취소되거나 폐업을 할 경우 다른 센터로 문서를 이관하여 보관한다.

주요 보관 문서로는 각종 증명서, 금융 관련 전자문서 등이 있고 전자문서의 보관량은 매년 꾸준히 증가하고 있다.

공인전자주소

공인전자주소는 전자문서를 송신하거나 수신하는 자를 식별하기 위한 문자, 숫자 등으로 구성되는 주소이다.

공인전자주소는 한국인터넷진흥원이 등록 및 심사 관리를 하고 있다.

공인전자주소는 신청인이 자유롭게 선택할 수 있다.

공인전자주소를 이용하여 송수신되는 전자문서는 비대칭 키 방식의 암호화 알고리즘으로 암호화되어 송수신자 외에 문서의 내용을 볼 수 없다.

전자문서의 유통 및 열람 사실을 확인하도록 한국인터넷진흥원에서 유통증명서를 발급받을 수 있다.

공인전자주소를 이용하면 광고나 스팸 메일에서 자유로울 수 있다.

● 공인전자주소 형식의 예

　'홍길순.정보통신혁신과#과학기술정보통신부.국가',

　'홍길순#골드마인.법인',

　'청과류#삼삼슈퍼마켓.사업'

● 공인전자주소 활용 예

　가족관계증명서

　교통범칙금

　예비군훈련 소집 통지서

4. 인터넷 이용자의 정보보호 대응

1) Windows 방화벽 사용

■ Windows 방화벽이란

방화벽은 인터넷 또는 네트워크에서 들어오는 정보를 확인한 다음 방화벽 설정에 따라 이를 컴퓨터로 전달하는 것을 차단하거나 허용하는 소프트웨어 또는 하드웨어이다.

컴퓨터의 정보 보안을 위해 불법으로 접근하는 것을 차단하고 사용자 컴퓨터에서 다른 컴퓨터로 악성 소프트웨어를 보내지 못하도록 방지할 수도 있다.

기업이나 조직의 전용 통신망에 불법 사용자들의 접근을 막고 조직의 중요한 정보가 불법으로 외부에 유출되는 것을 방지하기 위한 효과적인 방법이다.

■ Windows 방화벽 사용

제어판 – [시스템 및 보안] – [Windows 방화벽] – [Windows 방화벽 설정 또는 해제] – Windows 방화벽 사용 체크

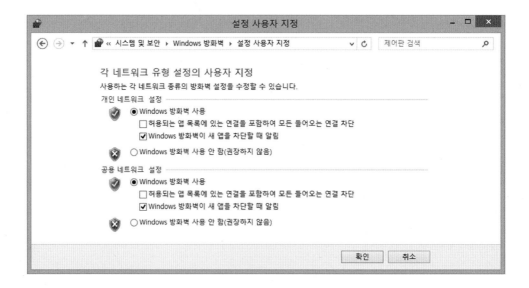

2) 인터넷 익스플로러11에서 개인 정보 보안 설정하기

▣ 쿠키 설정

❶ [도구] – [인터넷 옵션] – [개인 정보]

인터넷 사이트에 따른 쿠키의 차단 여부를 결정하여 개인 정보를 보호할 수 있다.
개인정보보호 정책이 없는 타사의 쿠키를 차단하고 사용자의 동의 없이 사용자에게
연락하는 데 사용할 수 있는 타사의 쿠키를 차단한다.

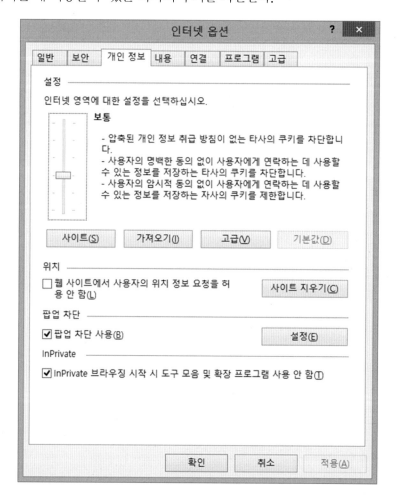

❷ [도구] – [인터넷 옵션] – [개인 정보] – [고급]

현재 사이트의 쿠키 허용 여부와 링크된 사이트의 쿠키 허용 여부를 선택할 수 있다.

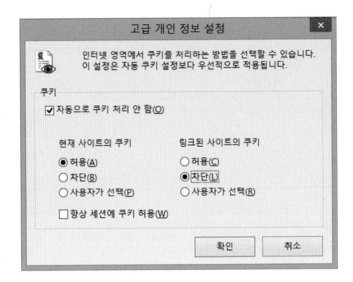

■ 신뢰할 수 있는 사이트 설정

❶ [도구] – [인터넷 옵션] – [보안] – [신뢰할 수 있는 사이트] – [사이트]

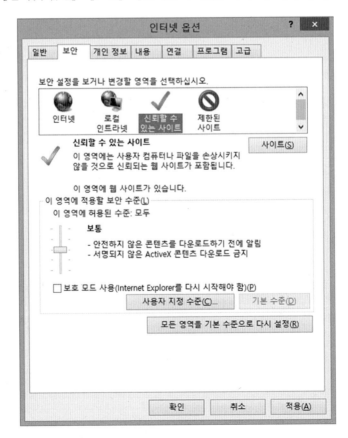

❷ 사용자 컴퓨터 및 파일 등을 손상시키지 않을 것으로 신뢰되는 웹 사이트를 추가하
거나 제거한다.

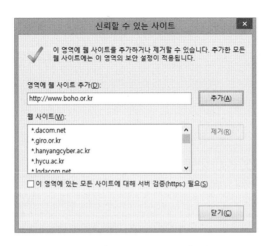

■ 인터넷 보안 설정

[도구] – [인터넷 옵션] – [보안] – [인터넷] – [이 영역에 적용할 보안 수준] 선택
신뢰할 수 있는 사이트와 제한된 사이트 외의 인터넷 웹 사이트의 보안 수준을 설정한다.
안전하지 않은 콘텐츠를 다운로드하기 전에 알리고 서명되지 않은 ActiveX 컨트롤 다
운로드를 금지한다.

▮ 팝업 차단 설정

[도구] – [인터넷 옵션] – [개인 정보] – [팝업 차단]

대부분의 팝업 창을 열리지 않도록 차단하고 [설정]에서 팝업 창을 특별히 허용하고 싶은 사이트만 등록한다.

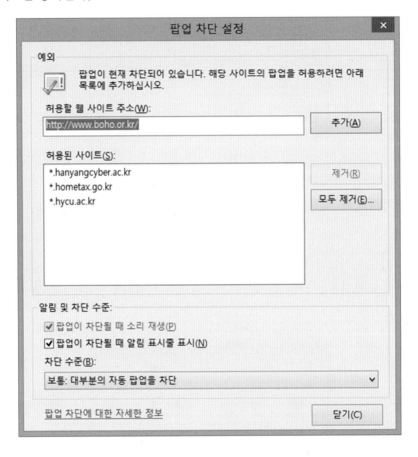

5. 정보관리자의 정보보호 대응

● 사이버 윤리 교육

　정보를 제공하는 측에서 악의적 성향이 있는 내부 스파이나 사이버 사기 등의 범죄로부터 자신들이 다루고 있는 개인 정보를 보호하기 위한 대응 교육과 윤리 교육을 철저히 해야 한다.

● 안전한 암호화 설계

　웹 사이트 설계 시 기업과 개인의 모든 정보가 담긴 데이터베이스에 대한 암호 설계를 철저히 하여 해킹 등으로부터 원천 차단되어야 한다.

● 안전한 인증 관리

　유해 정보의 무분별한 접근 허용으로 청소년들의 폐해가 증가하고 있다.

　처음 로그인 인증으로 접속한 후 중간 페이지에 대해서는 별도의 URL로 접근할 수 있어 권한이 없는 외부로부터 차단되어야 할 페이지가 오픈되는 사례를 방지해야 한다.

● 안전한 세션 관리

　최근 공공 장소에서 PC를 사용하면서 개인 정보가 누출되는 사례가 늘어나고 있다.

　웹 사이트 개발자는 세션 정보 관리 시 필요 이상의 개인 정보를 서버나 클라이언트 측에 저장하지 않도록 해야 한다.

학습정리

1. 인터넷 침해사고 유형

- 바이러스 – 자신의 변형을 복사해 타인의 컴퓨터를 감염시키는 컴퓨터 실행코드

- 스파이웨어 – 웹 브라우저의 홈페이지 설정이나 검색 설정을 변경, 키보드로 입력한 내용이나 모니터 화면에 표시된 내용을 수집하여 전송한다.

- 애드웨어 – 무작위로 사용자의 컴퓨터에 광고성 팝업 창을 띄운다.

- DDos(Distributed Dos) 공격 – 시스템에 DoS용 에이전트를 여러 개 설치하고, 이 에이전트를 제어하여 보다 강력한 DoS 공격을 한다.

- 피싱(Phishing) – 위장 웹 사이트를 개설한 후, 사용자의 금융정보 등을 빼내는 신종 사기 수법

- 스미싱(smishing) – 악성 앱 주소가 포함된 휴대폰 문자(SMS)를 대량으로 전송 후 이용자가 악성 앱을 설치하도록 유도하여 금융정보 등을 탈취하는 신종 사기 수법

- 좀비(Zombie)PC – 본인도 모르게 자신의 컴퓨터가 해커의 원격 조종으로 스팸을 발송하거나 DDoS 공격을 수행하도록 설정된 컴퓨터나 서버를 말한다.

- 랜섬웨어 – 시스템을 잠그거나 데이터를 암호화해 사용할 수 없도록 하고 이를 인질로 금전을 요구하는 악성 프로그램

2. 인터넷 인증 기술

- 지식 기반 (Knowledge-based) 사용자 인증 기술

- 소유 기반 인증 기술
- 생체 기반 인증 기술

- FIDO 기반 인증 기술
- 주민번호 대체수단 인증

- 공인인증서
- 마이핀

- 공인전자문서

3. 인터넷 이용자의 개인 정보 보호

- 방화벽으로 차단 설정

- 팝업 차단

- 쿠키 차단

- 신뢰할 수 있는 사이트 설정

- 인터넷 영역 보안 수준 설정

4. 정보관리자의 정보 보호 대응

- 사이버 윤리 교육

- 안전한 암호화 설계

- 안전한 인증 관리

- 안전한 세션 관리

학습평가문제

1. 정상적인 웹 서버를 해킹하여 위장사이트를 개설한 후, 인터넷 이용자들이 위장된 사이트로 방문하게 하고 사용자의 금융정보 등을 빼내는 개인 정보 침해 행위를 무엇이라 하나?

① 스파이웨어

② 바이러스

③ 좀비PC

④ 피싱(Phishing)

2. 인터넷 침해사고 대응 방안으로 적절하지 않은 것은?

① 발신처가 분명하지 않은 메일은 열지 말고 삭제한다.

② 백신 S/W를 설치하여 실시간 감시한다.

③ 데이터와 응용프로그램을 함께 저장한다.

④ 운영체제의 최신 보안 업데이트를 주기적으로 실행한다.

3. 다음 중 개인정보보호를 위한 인터넷 이용자의 대응책이 아닌 것은?

① 방화벽을 이용하여 인터넷 서비스나 프로그램의 사용을 선택적으로 차단한다.

② 개인 정보가 담긴 데이터베이스는 철저히 암호화 설계한다.

③ 개인정보보호 정책이 없는 타사의 쿠키는 차단한다.

④ 신뢰할 수 있는 사이트를 설정한다.

4. 다음 중 인터넷 침해사고에 대한 설명이 틀린 것은?

① 스미싱 – 휴대폰 문자를 이용하여 악성 앱을 설치하도록 하여 금융정보를 탈취한다.

② DDos 공격 – 에이전트를 제어하여 동시에 엄청난 분량의 패킷을 보내 시스템을 마비시킨다.

③ Dos – 컴퓨터 키보드로 입력한 내용이나 모니터 화면에 표시된 내용을 수집하여 타 컴퓨터로 전송한다.

④ 애드웨어 – 무작위로 사용자의 컴퓨터에 광고성 팝업 창을 띄운다.

5. 아래 지문에 나온 설명은 어떤 종류의 인터넷 침해사고를 의미하는가?

> "몸값(Ransome)과 소프트웨어(Software)의 합성어로 시스템을 잠그거나 데이터를 암호화해 사용할 수 없도록 하고 이를 인질로 금전을 요구하는 악성 프로그램"

6. 다음 중 개인정보보호를 위해 정부가 하고 있는 일이 아닌 것은?

① "보호나라" 사이트에서 개인 정보 침해사고 대응방안에 대한 콘텐츠를 제공한다.

② e콜센터 ☎ 118 운영

③ 개인 정보 노출 대응 시스템 운영

④ 기업의 데이터베이스 관리자 침해 대응 및 윤리 교육

7. 개인정보보호를 위한 정보 관리자의 대응 방안에 속하지 않는 것은?

① 웹 브라우저에서 쿠키와 팝업창을 차단한다.

② 청소년들의 유해한 사이트로의 무분별한 접근을 제어하도록 안전한 인증관리를 해야 한다.

③ 개인 정보를 보호하기 위한 대응 교육과 윤리 교육을 철저히 한다.

④ 필요 이상의 개인 정보가 컴퓨터에 남아있지 않도록 안전한 세션 관리를 한다.

8. 인터넷 익스플로러11에서 개인정보보호를 하기 위한 방법으로 적당하지 않은 것은?

① Windows 방화벽

② 쿠키 설정

③ 신뢰할 수 있는 사이트 설정

④ 팝업 차단 설정

9. 스미싱 피해 시 대응 방법으로 옳지 않은 것은?

① 공인인증서 폐기 후 재발급하기

② 악성 애플리케이션 설치 파일 삭제하기

③ 모바일 백신을 이용하여 악성 앱 삭제

④ Windows 방화벽이 새 앱을 차단할 때 알림

10. 다음 중 개인 정보 침해 유형에 대한 설명 중 틀린 것은?

① 바이러스는 자신의 변형을 복사해 컴퓨터를 감염시킨다.

② 스파이웨어는 이용자 동의 없이 홈페이지 설정을 변경시킨다.

③ 웜은 무작위로 사용자의 컴퓨터에 광고성 팝업 창을 띄운다.

④ DDos 공격은 시스템에 설치한 Dos용 에이전트를 제어해 공격한다.

정답

1. ④   2. ③   3. ②   4. ③   5. 랜섬웨어   6. ④   7. ①   8. ① (해설: ①은 Windows에서 설정함)

9. ④   10. ③

CHAPTER 11

무선통신 기술과
클라우드 서비스 활용

학습목차

학습목표

- 무선통신망의 종류에 대해 학습할 수 있다.
- 미래 인터넷 기술인 클라우드 컴퓨팅에 대해 살펴본다.
- 클라우드서비스인 Dropbox(드롭박스), 원드라이브(OneDrive, 구 SkyDrive)의 차이점을
  익히고 사용법을 실습해본다.

1. 무선통신 기술

1) 무선통신망의 종류

무선통신은 고체가 아닌 매체나 매체가 전혀 존재하지 않은 공간에서 신호를 전달하는 통신 방식으로 주로 전파, 마이크로파, 적외선, 가시광선, 자외선, 초음파를 통신매체로 사용한다.

무선통신의 종류로는 커버리지의 거리를 기준으로 WPAN(개인 영역 무신통신밍), WLAN(근거리 무선통신망), WWAN(무선광역통신망, Wireless Wide Area Network) 등으로 나뉜다.

▉ WPAN(개인 영역 무선통신망, Wireless Personal Area Network)

커버리지가 수 미터 수준 내에서 무선으로 통신한다.

개인 영역 무선통신망에서 사용되는 기술로는 블루투스(Bluetooth), Wireless USB, Zigbee 등이 있다.

▉ WLAN(근거리 무선통신망, Wireless Local Area Network)

커버리지가 수 십에서 수 백 미터 수준 내에서 이뤄지는 무선통신이다.

무선접속장치(AP: Access Point)가 설치된 곳(일명 핫스팟)의 일정 거리 안에서 통신할 수 있다.

근거리 무선통신망에서 사용되는 기술로는 Wi-Fi(Wireless Fidelity)가 대표적이다.

▉ WWAN(무선광역통신망, Wireless Wide Area Network)

커버리지가 수 킬로미터까지 확대되는 무선통신망이다.

대표적인 무선 광역통신망으로 LTE(Long Term Evolution) 서비스가 있다.

2012년에 LTE 전국망이 구축되면서 LTE 서비스 가입자가 급증하였다.

2) 블루투스

■ 블루투스란

휴대폰, 노트북, 이어폰, 헤드폰 등의 휴대기기나 마우스, 키보드 등의 PC주변기기를 서로 연결해 정보를 교환하는 근거리 무선 기술 표준이다.

■ 블루투스의 유래

블루투스라는 명칭은 10세기 덴마크와 노르웨이를 통일한 바이킹 헤럴드 블루투스 (Harald Bluetooth; 910~985)의 이름에서 따왔다. 헤럴드는 블루베리를 즐겨 먹어 치아가 항상 푸른 빛을 띠고 있어 '푸른 이빨'로 불렸다고 한다. 헤럴드 블루투스가 스칸디나비아 반도를 통일한 것처럼 PC와 휴대폰 및 각종 디지털기기 등을 하나의 무선통신 규격으로 통일한다는 상징적 의미가 담겨 있다. 처음에는 프로젝트명으로 사용했으나 브랜드 이름으로 발전했다. (두산백과)

■ 블루투스의 발전

● 블루투스 1.0

1.0은 721Kbps 속도로 눈에 보이는 정도의 근거리 기기끼리 유선을 사용하지 않고 간단한 음성신호, 키보드나 마우스 등 입력 신호를 전달하는 정도의 용도로 사용되었다.

● 블루투스 2.0

블루투스의 영역은 휴대폰과 핸즈프리로 이어지면서 전송률이 중요한 문제로 떠올랐다.

● 블루투스 3.0

블루투스 속도는 24Mbps까지 발전했고 1초 내로 기기 간 접속이 이루어졌지만 빠른 만큼 전력소비가 많다.

● 블루투스 4.0

블루투스의 용도가 주로 PC 주변기기나 모바일 기기의 액세서리이므로 전송률의 빠름보다는 24Mbps 전송 속도를 유지하면서도 저전력을 더 필요로 했다.

- 블루투스 5

블루투스 5는 사물인터넷 디바이스를 위해 저전력 모드로 개발되었다.

먼 거리는 적은 데이터로 전송하고, 짧은 거리에서는 2배의 데이터를 전송하는 방식으로 사물인터넷 디바이스를 더 유용하고 쉽게 연결할 수 있도록 했다.

▌ 블루투스의 침해사고

- 블루재킹(bluejacking)

블루투스 스마트폰에 침입하여 이메일처럼 메시지를 보내 프로그램이나 데이터를 파괴하는 스마트폰 바이러스의 일종이다.

- 블루스나핑(bluesnarfing)

블루투스를 이용해 모바일 기기에 저장된 일정표, 전화번호, 이메일, 문자메시지 등에 접근하여 사용자가 알지 못하게 전화번호나 일정표를 변경한다.

- 블루버깅(bluebugging)

블루투스 휴대폰을 원격조종해서 휴대폰의 통화내용을 엿듣는 기법

3) 근거리 무선통신(NFC, Near Field Communication)

▌ NFC 기술의 개요

NFC 기술은 13.57MHz 대역의 주파수를 사용하여 **10cm 이내의 매우 짧은 거리**에서 단말기 간 데이터를 전송하는 기술이다.

P2P(Peer to Peer) 기능으로 간단한 터치 동작(기계에 갖다 댐)으로 서로 다른 휴대폰끼리나 또는 다른 기기로 사진이나 음악, 동영상 파일 등을 전송할 수 있다.

▌ NFC 시범사업

2011년부터 2012년 2월까지 20~30대 연령층이 자주 찾고 외국인의 왕래가 잦은 명동 지역의 커피숍, 편의점, 패스트푸드 등 약 200개 매장을 대상으로 다양한 NFC 응용 서비스를 적용하고 1차 시범사업을 운영하였다.

2018년 단말기 비용 지원 문제로 2차 시범사업이 중단되었다. NFC 방식이 더 편하다고

해도 신용카드 결제방식에 큰 불편함을 느끼지 않고 있는 소비자들이 사용하지 않으면
카드사들은 막대한 비용을 낭비하게 되어 수익성 악화로 이어질 수 있다는 것이다.

■ NFC와 블루투스와의 특징 비교

	NFC	블루투스
전송 방식	RFID 방식	RFID 방식
네트워크 유형	P2P	WPAN
주파수	13.56MHz	2.4 - 2.5GHz
설정 시간	0.1초 내외	1초 내외

4) WIFI(와이파이)

와이파이 어원은 WiFi(Wireless Fidelity)이다.

무선접속장치(AP: Access Point)가 설치된 곳의 일정 거리 안에서 초고속 인터넷을
할 수 있는 근거리통신망(LAN)이다.

전파나 적외선 전송 방식을 이용한다.

와이파이를 이용하려면, 단말에 연결하기 위한 하드웨어 무선 랜카드가 있어야 하며,
운영체제에서 해당 무선랜카드를 인식할 수 있는 장치 드라이버가 설치되어야 한다.
스마트폰이나 노트북 등에는 기본적으로 탑재되어 있어 사용자는 별다른 설정 없이 와
이파이를 사용할 수 있다.

* 일본의 경우 도시락 와이파이가 아주 유용하다. 일본의 초고속 인터넷 사용 배경을 보면 유선보다 무선
접속 이용률이 거의 세계적 수준이기 때문이다. (교재 내용에 안 들어감)

2. 클라우드 컴퓨팅

1) 클라우드 컴퓨팅 정의

IEEE에서는 클라우드 컴퓨팅을 "정보가 인터넷상의 서버에 영구적으로 저장되고 데스크탑이나 노트북, 휴대용 기기 등과 같은 클라이언트에는 일시적으로 보관되는 패러다임"이라고 말한다.

클라우드 서비스는 서버, 스토리지, 애플리케이션, 소프트웨어 등의 포괄적 IT 자원을 인터넷을 통해 이용자가 언제, 어디서나 온디맨드(ON-Demand)로 아웃소싱하는 서비스라 할 수 있다.

클라우드 서비스에서는 사용자들이 지원되는 인터넷 기술 인프라 스트럭처에 대한 전문 지식이 없어도 또는 제어할 줄 몰라도 인터넷으로부터 이러한 서비스를 쉽고 편리하게 이용할 수 있다.

클라우드 서비스 시대에는 IT 자원의 활용 방식이 기존의 "소유" 방식에서 "임대"로 변화하고 있다.

클라우드 컴퓨팅을 사용하면 정보 입출력을 위한 키보드, 모니터 등 최소한의 인터페이스만 남기고 CPU, 스토리지, 응용 프로그램 등은 모두 클라우드에 둘 수 있어 사용자의 구매, 운영 및 유지 보수에 대한 걱정이 없다.

2015년 9월 시행된 [클라우드 컴퓨팅 발전 및 이용자 보호에 관한 법률]에 의하면, 클라우드 컴퓨팅이란 집적되고 공유된 정보통신 기기, 정보통신 설비, 소프트웨어 등 정보통신 자원을 이용자의 요구나 수요 변화에 따라 정보통신망을 통하여 신축적으로 이용할 수 있도록 하는 정보처리 체계를 의미한다.

'2018년 K-ICT 클라우드 컴퓨팅 활성화 시행계획'을 수립하여 공공부문에서 먼저 클라우드 컴퓨팅을 도입을 추진했다.

민간부문에서는 클라우드 컴퓨팅 이용을 확산시키고자 클라우드 컴퓨팅 이용을 저해하는 규제 개선을 추진하고 있다.

● 서비스 공급자 관점에서의 클라우드 컴퓨팅

　분산되어 있는 서버를 가상화 기술로 통합하여 실시간으로 고객이 원하는 IT 자원을
　제공한다.

● 고객의 관점에서의 클라우드 컴퓨팅

　운영체제, 저장소, 응용 프로그램, 보안 등 전반적인 IT 자원들을 언제 어디서든 필
　요로 하는 만큼만 빌려 사용하고 그에 대한 대가를 지불하는 방식이다.

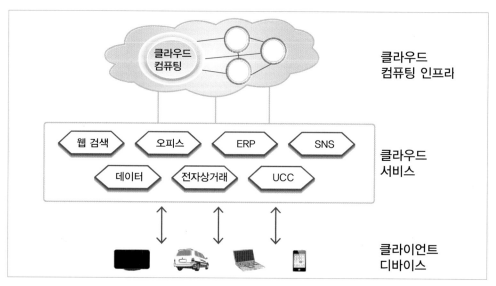

▌ 클라우드 컴퓨팅 서비스의 개요도

출처: Cloud Computing 개념 및 동향(2009), 전자정보센터 (재구성)

2) 클라우드 컴퓨팅 특징

● 개방, 공유, 사용자 참여

　클라우드 컴퓨팅은 웹 2.0 시대가 표방하고 있는 개방, 공유 및 사용자 참여를 위한
　차세대 웹 기술의 하나로 새로운 컴퓨팅 패러다임이 되고 있다.

● 용이한 서버 사용

　개인 컴퓨터나 기업의 서버에 개별적으로 저장했던 소프트웨어와 데이터 등을 중앙
　시스템 격인 클라우드 컴퓨팅 서버에 저장해 놓고 사용하게 되므로 서버나 개인 PC
　관리의 어려움에서 벗어날 수 있고 서버를 아예 보유하지 않는 기업도 가능하다.

- **기업의 효율성 증대**

  급변하는 IT 자원의 흐름에 신속하게 대응할 수 있어 기업의 효율성을 증대시킬 수 있다.

- **IT 자원 구매 비용 절감**

  리스크가 있는 새로운 IT 기술 자원의 구매 및 운영 비용을 절감할 수 있다.

- **보안의 우려**

  단점으로 개인 정보나 기업 정보 등이 외부 서버에 저장되면서 정보 유출의 우려가 있다.

3) 클라우드 컴퓨팅 서비스의 분류

- SaaS(서비스형 소프트웨어: Software as a Service)

  : 기업이 소프트웨어를 클라우드 서비스를 통해 빌려 쓰는 것

  예: 구글 앱스, 야후 맵스 API, MS Office Live

- PaaS(서비스형 플랫폼: Platform as a Service)

  : 기업이 업무에 필요한 소프트웨어를 개발할 수 있는 플랫폼을 제공하는 것

  예: GigaSpaces, Oracle Saas platform

- IaaS(서비스형 인프라: Infrastructure as a service)

  : 기업 업무 처리에 필요한 서버, 스토리지, 네트워크 같은 IT 인프라 자원을 빌려 쓰는 것

  예: Amazon SimpleDB, Amazon S3

3. 클라우드 컴퓨팅 서비스 종류

▦ Dropbox(드롭박스)

- Dropbox, Inc.가 제공하는 클라우드 컴퓨팅을 이용한 웹 기반의 파일 공유 서비스이다.

- 2007년 하나 이상의 컴퓨터에서 작업하기 위해 자기 자신에게 파일을 이메일로 보내는데 신물이 난 두 MIT 출신의 '드류 휴스턴(Drew Houston)과 아라시 페르도시(Arash Ferdowsi)가 벤처기업으로 시작했다.

- DropItToMe(드롭잇투미) – 다른 사람들이 내 계정에 파일을 업로드할 수 있게 해준다.

- BoxCryptor(박스크립토) – 드롭박스 계정에 업로드하는 파일을 자동 암호화해준다.

- Dropbox에 사진, 문서, 동영상, 파일을 모두 저장해놓고 사용 중인 컴퓨터, 휴대폰 및 Dropbox 웹 사이트에 자동으로 나타나 어디에서든 파일에 액세스할 수 있는 신개념의 클라우드 서비스이다.
  - **쉬운 액세스** – 학교나 사무실에서 작성했던 문서를 집에 가는 길에 휴대폰으로 수정하고 또 집에 와서 태블릿으로 마무리할 수 있다.
  - **편리한 공유** – Dropbox에서 파일을 공유시키면 초대된 가족이나 팀원의 컴퓨터에 마치 파일을 본인이 직접 저장한 것처럼 해당 폴더가 나타나게 된다.
  - **안전한 보관** – 노트북에 실수로 커피를 쏟아도 휴대폰을 물에 빠뜨려도 내 자료는 안전하게 클라우드 Dropbox 저장되어 있어 자료를 잃어버릴 일이 없다.

▦ 원드라이브(OneDrive)

- 원래 이름은 "윈도 라이브 원드라이브"로 파일 호스팅을 담당하는 마이크로소프트 윈도 라이브 서비스 가운데 하나이다. 사용자가 파일을 클라우드 저장 공간에 업로드하여 사용한다.

- 무료 Office 지원 – 무료 Office Web Apps(오피스 웹 앱)으로 브라우저에서 Word(워드), Excel(엑셀), PowerPoint(파워포인트) 및 OneNote(원노트)를 사용할 수 있다.

- 윈도우 8, 8.1, 10 등의 마이크로소프트 윈도우에서 '원드라이브'를 사용자의 기본 저장 위치로 만들었다.

■ Google Drive(구글 드라이브)[5]

• 구글에서 제공하는 웹 기반 문서저작도구 겸 저장공간이다.

• 2012년 4월, 기존 구글 문서도구에 클라우드 스토리지 기능을 확장시키며 개편되었다.

• 내 파일을 내 마음대로 보관한다.

　저장 용량(무료 15GB)을 Gmail, Google포토에서 같이 사용하므로 파일이나 이메일 첨부파일을 바로 저장하고 사진을 백업할 수 있다.

• 어떤 파일이든 보관한다.

　사진, 동영상, 프레젠테이션, PDF, 심지어 Microsoft Office 파일까지 파일 형식에 상관없이 모든 파일을 드라이브에 안전하게 보관할 수 있다.

　컴퓨터에 프로그램이 설치되어 있지 않아도 브라우저에서 HD 동영상, Adobe Illustrator, Photoshop 등 30여 종의 파일을 열 수 있다.

• 파일 공유

　사용자를 빠르게 초대하여 선택한 파일이나 폴더를 보고 댓글을 작성하고 수정할 수 있도록 할 수 있다.

　온라인 공동 작업이 간편해진다.

---

5 https://www.google.co.kr/intl/ko_ALL/drive/using-drive/

● 안전한 보관

사용자의 스마트폰, 태블릿, 컴퓨터에 무슨 일이 생기더라도 드라이브에 모든 파일을 안전하게 보관한다. 드라이브는 Gmail 및 다른 Google 서비스에서 사용되는 보안 프로토콜인 SSL을 사용하여 암호화된다.

● 구글 제품과 연동

구글의 강력한 검색기능으로 드라이브는 스캔한 문서에서는 텍스트를, 이미지에서는 개체를 식별할 수 있다.

'에펠탑'과 같은 단어를 검색하면 그 단어가 포함된 텍스트 문서뿐만 아니라 실제 에펠탑의 이미지도 검색 결과로 얻을 수 있다.

● 대부분의 파일 유형에서 최대 30일 전의 작업 기록을 확인할 수 있으므로 누가 파일을 변경했는지 쉽게 확인하고 이전 버전으로 복원할 수 있다.

● 파일을 오프라인에서 사용하도록 설정하면 기내 또는 신호가 약한 건물 내에 있어 휴대전화 서비스를 사용할 수 없는 경우에도 파일을 볼 수 있다.

● 종이 문서인 영수증, 편지, 명세서 등의 사진을 찍으면 드라이브에서 즉시 PDF로 저장한다.

▣ iCloud(아이클라우드)

● 애플에서 제공하는 클라우드 컴퓨팅 서비스로 2011년 정식 서비스를 시작했다.

● 사용자의 음악, 사진, 응용 프로그램, 문서, 책, 연락처는 물론 애플의 이메일 서버와 캘린더를 클라우드 서버에 저장할 수 있도록 한다.

● 구매한 응용 프로그램이나 음악 파일 등을 아이폰, 아이팟, 아이패드나, 맥 OS X, 마이크로소프트 윈도 운영체제의 컴퓨터 등의 다수의 장비에 다운로드하며 공유할 수 있다.

● '가족 공유' 기능으로 최대 6명의 가족 구성원끼리 사진, 캘린더뿐만 아니라 App Store에서 구입한 콘텐츠와 iBooks에서 다운로드한 책들도 공유할 수 있다.

● Apple Music 가족 멤버십에 가입하면 온 가족이 Apple Music의 모든 음악을 함께 즐길 수 있다.

4. 드롭박스(Dropbox) 사용하기

1) 웹에서 Dropbox 사용하기

❶ pc에서 http://www.dropbox.com에 접속하여 먼저 회원에 가입한다. 회원가입은 이름, 이메일 패드워드만 입력하는 간단한 과정이고 Email의 경우는 ID로 사용되므로 본인이 사용 중인 이메일을 작성하는 것이 좋다.

❷ 업로드한 사진을 타임라인(시간대)별로 구분해서 볼 수 있다.

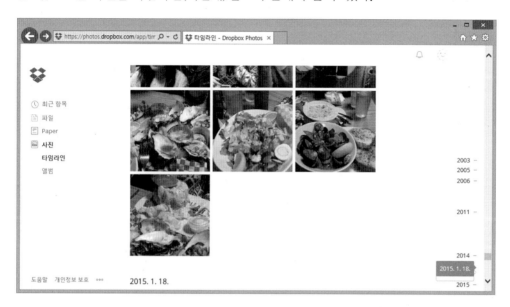

❸ 이벤트 기능이 있어 Dropbox에서 변경된 내용을 시간순으로 보여준다.

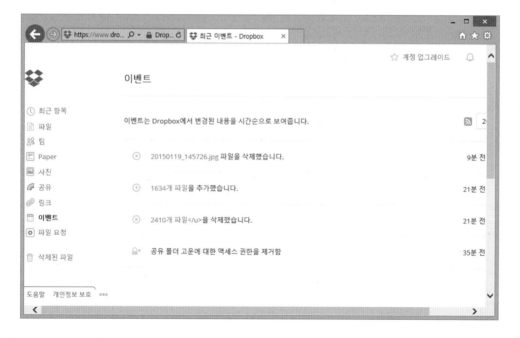

2) 내PC에서 Dropbox 사용하기

❶ http://www.dropbox.com 사이트에서 [데스크톱 앱]을 클릭한다.

❷ 'Dropbox 다운로드'를 클릭한다.

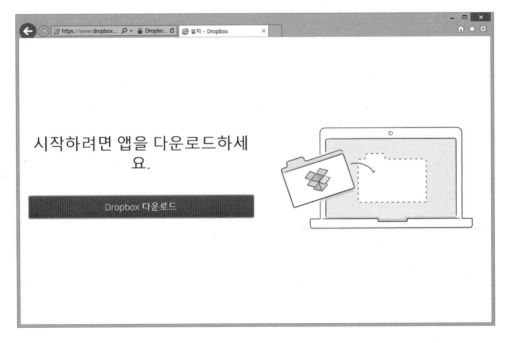

❸ Dropboxinstaller.exe를 실행시킨다.

❹ 내PC의 탐색기에 Dropbox 폴더가 생성된다.

내PC의 탐색기에 생성된 Dropbox는 다른 폴더와 똑같이 이용 가능하고 한번 로그인해놓으면 매번 로그인하지 않아도 되는 편리함이 있다.

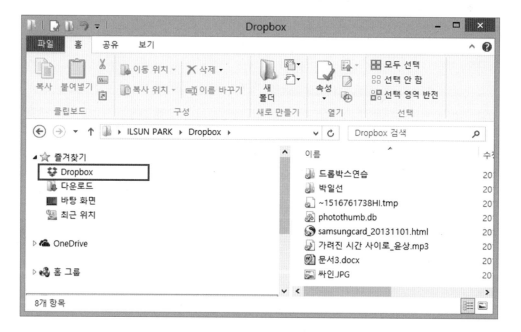

5. 원드라이브(OneDrive)

1) 웹에서 OneDrive(원드라이브) 사용하기

❶ https://onedrive.live.com/about/ko-kr/ 한글 지원 사이트에 접속한다.

Microsoft 계정을 만든다.

원드라이브 웹 사이트 또는 핫메일 사이트에서 로그인을 할 수 있다.

❷ 워드, 엑셀, 파워포인트 문서 등을 웹 앱(Web App)을 이용하여 편집하고 저장할
수 있다.

마이크로소프트 오피스 프로그램이 PC에 설치되어 있지 않아도 클라우드 서비스를
통해 웹에서 워드, 엑셀, 파워포인트 문서 작업을 할 수 있다.

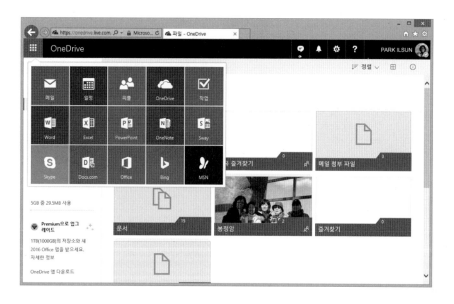

2) 내PC에서 OneDrive(원드라이브) 사용하기

❶ 웹 사이트(http://windows.microsoft.com/ko-kr/skydrive/download#apps)에
접속해서 [다운로드]를 클릭한다.

❷ 본인 PC 운영체제 환경에 맞는 OneDrive를 다운받은 후 실행시킨다.

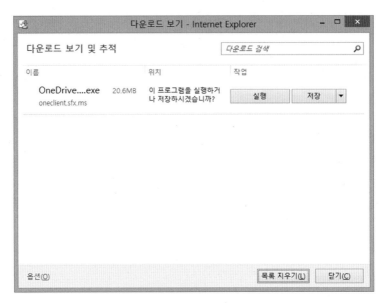

❸ 다운받은 OneDriveSetup.exe를 클릭하여 실행한다.

❹ 로그인할 이메일 주소를 입력한 후 [로그인] 버튼을 클릭한다.

❺ OneDrive 폴더를 지정할 수 있다. (다른 폴더를 원하면 [위치 변경]을 클릭하고 원하는 폴더를 선택한다.)

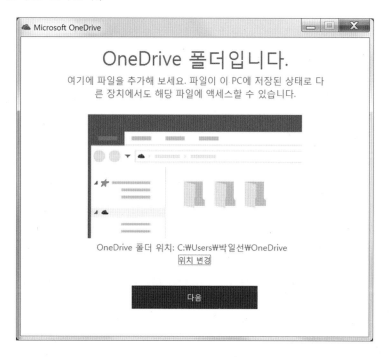

❻ OneDrive 파일을 PC에 동기화시킨다. 동기화된 파일들은 오프라인 상태에서도 엑세스가 가능하다.

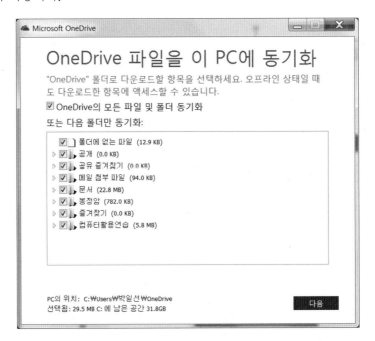

❼ 무료 서비스 외에 저장 용량을 늘이고 싶으면 유료로 업그레이드할 수 있다.
(계속 무료 서비스를 받으려면 'Basic 유지'를 클릭한다.)

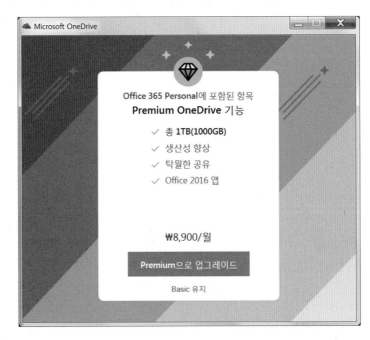

❽ 설정이 모두 완료되었고 [내 OneDrive 폴더 열기]를 클릭한다.

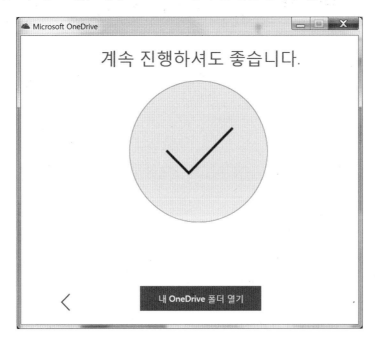

❾ 내PC에 OneDrive 폴더가 생성되었다.

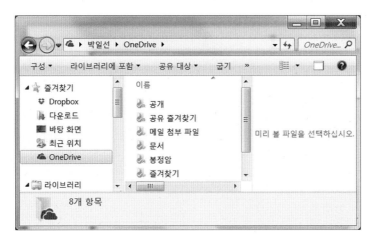

6. 네이버 클라우드

1) 웹 사이트에서 네이버 클라우드 사용하기

❶ 웹 브라우저에서 http://cloud.naver.com에 접속한 후 로그인해서 사용할 수 있다.

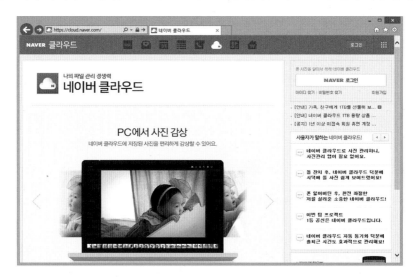

❷ 네이버 클라우드는 왼쪽에 사진, 동영상, 문서, 음악, 폴더 형식의 카테고리가 있어 파일을 종류별로 쉽게 찾을 수 있다.

❸ 내PC에 오피스 프로그램이 없어도 네이버 웹 오피스를 이용하여 문서(워드, 셀, 슬라이드, 폼) 편집 작업을 할 수 있다.

네이버 웹 오피스에서는 마이크로소프트 오피스 포맷으로도 저장하여 사용할 수 있다.

2) 내PC에서 네이버 클라우드 탐색기 설치

네이버 클라우드 탐색기 – 네이버 클라우드에 저장한 파일을 윈도우 탐색기를 통해 내 컴퓨터에 저장한 파일처럼 손쉽게 사용할 수 있게 해주는 프로그램

❶ http://software.naver.com에서 '네이버 클라우드 탐색기'를 다운로드한다.
(본인의 PC 환경에 맞는 운영체제와 32bit, 64bit 여부를 선택하여 다운로드한다.)

❷ 네이버 클라우드 탐색기 설치 후 PC 탐색기 화면

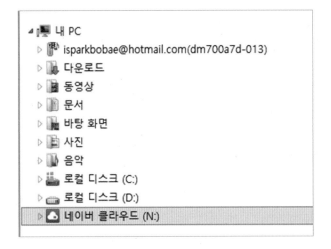

학습정리

1. 무선통신기술

WPAN(개인영역 무선통신망, Wireless Personal Area Network)

블루투스(Bluetooth), Wireless USB, Zigbee

WLAN(근거리 무선통신망, Wireless Local Area Network)

무선접속장치(AP: Access Point)가 설치된 곳(일명 핫스팟)의 일정 거리 안에서 통신

Wi-Fi(Wireless Fidelity)

WWAN(무선광역통신망, Wireless Wide Area Network)

무선 광역통신망으로 LTE(Long Term Evolution)

2. 블루투스의 침해 사고

- 블루재킹(bluejacking) – 블루투스 스마트폰에 침입하여 이메일처럼 메시지를 보내 프로그램이나 데이터를 파괴

- 블루스나핑(bluesnarfing) – 블루투스를 이용해 모바일 기기에 저장된 일정표, 전화번호, 이메일, 문자메시지 등을 변경

- 블루버깅(bluebugging) – 블루투스 휴대폰을 원격조종해서 휴대폰의 통화내용을 엿듣는 기법

3. 클라우드 컴퓨팅 서비스의 분류

- SaaS(서비스형 소프트웨어: Software as a Service) – 소프트웨어를 클라우드를 통해 빌려 쓰는 것

  예: 구글 앱스, 야후 맵스 API, MS Office Live

- PaaS(서비스형 플랫폼: Platform as a Service) – 소프트웨어를 개발할 수 있는 플랫폼을 제공하는 것

  예: GigaSpaces, Oracle Saas platform

- IaaS(서비스형 인프라 : Infrastructure as a service) – 서버, 스토리지, 네트워크 같은 IT 인프라 자원을 빌려 쓰는 것

  예: Amazon SimpleDB, Amazon S3

학습평가문제

1. Dropbox, OneDrive, 네이버 드라이브의 공통점이 아닌 것은?

　① ON-Demand로 아웃소싱하는 서비스이다.

　② 클라우드 저장소이다.

　③ 어느 네트워크 기기에서도 접속이 가능하다.

　④ 자원의 독점의 특징이 있다.

2. 다음 중 클라우드 저장소 사용법에 대한 설명 중 틀린 것은?

　① 회사에서 dropbox에 저장한 파일은 전철역에서 스마트폰으로 접속해 볼 수 있다.

　② Skydrive에 저장한 파일을 내 컴퓨터에 다운로드할 수 있다.

　③ 클라우드 서비스는 운영체제가 같아야 한다.

　④ 네이버 드라이브 내부의 임의의 폴더를 공유 폴더로 지정하고 타인과 공유 폴더 안에 있는 파일을 공유할 수 있다.

3. 다음 클라우드 컴퓨팅 서비스에 대한 설명 중 맞는 것은?

　① 구글 앱스는 서비스형 소프트웨어의 예이다.

　② 아마존의 웹 상에서 양에 관계없이 데이터를 저장할 수 있게 하는 S3는 서비스형 플랫폼의 예이다.

　③ GigaSpaces는 서비스형 인프라의 한 예이다.

　④ 야후 맵스 API는 서비스형 플랫폼의 한 예이다.

　⑤ 서버나 스토리지 같은 IT 인프라 자원을 빌려쓰는 서비스는 서비스형 플랫폼이다.

4. 클라우드 컴퓨팅의 장점이라 할 수 없는 것은?

　① 웹 서버의 사용으로 서버 관리가 용이해졌다.

　② 개인이나 기업의 정보가 웹 서버로 저장된다.

　③ 고가의 새로운 IT 기술 자원의 구입 비용을 절감할 수 있다.

　④ 급변하는 IT 자원의 흐름에 신속하게 대응할 수 있다.

　⑤ 서버를 보유하지 않고도 기업을 운영할 수 있다.

5. 아래 지문이 설명하는 개념이 다른 하나는 무엇인가?

　① "온디맨드(ON-Demand)"로 아웃소싱하는 서비스이다.

　② 인터넷 기술 인프라 스트럭처에 대한 전문 지식이 없어도 된다.

　③ 활용 방식이 "임대"에서 "소유"로 변화한다.

　④ 심층 신경망을 통해 컴퓨터가 자동으로 세상을 인지한다.

6. 다음 클라우드 컴퓨팅 관련 설명이 틀린 것은?

　① 정보는 인터넷상의 서버에 영구적으로 저장된다.

　② 키보드, 모니터 외에도 CPU, 스토리지 등은 모두 클라우드에 둔다.

　③ 컴퓨터 및 인터넷 사용자의 구매, 운영 및 유지 보수에 대한 걱정이 없다.

　④ 공유한 파일에 스마트 기기별로 접속이 가능하다.

7. 다음 중 구글 드라이브에 대한 설명이 아닌 것은?

　① 사용자를 초대하여 선택한 파일에 대한 댓글을 작성할 수 있다.

　② 구글 서비스는 SSL을 사용하여 암호화된다.

　③ 강력한 검색 기능으로 이미지에서 개체를 식별할 수 있다.

　④ 오프라인에서는 파일을 볼 수 없다.

8. 영수증, 편지, 명세서 등과 같은 종이 문서의 사진을 찍으면 드라이브에서 즉시 PDF로
저장하는 서비스는 무엇인가?

① 구글 드라이브

② 네이버 드라이브

③ 원드라이브

④ 드롭박스

9. 다운로드한 음악 파일을 아이폰, 아이팟, 아이패드 등의 다수의 장비에서도 공유할 수 있
게 해주는 서비스는 무엇인가?

① 구글 드라이브

② iCloud

③ 원드라이브

④ 드롭박스

정답

1. ④ (해설: 클라우딩 컴퓨팅 기술의 특징은 '자원의 공유'에 있다.)
2. ③ (해설: 클리우드 서비스는 접속 장치의 운영체제에 관계없이 사용할 수 있다.)
3. ①　4. ②　5. ④　6. ②
7. ④ (해설: 구글 드라이브는 오프라인에서도 파일을 볼 수 있도록 설정을 해놓으면 파일을 볼 수 있다.)
8. ①　9. ②

4차 산업혁명과 인터넷

학습목표

- 4차 산업혁명시대의 핵심 기술에 대해 이해할 수 있다.
- 가상현실 기기 및 산업 경쟁력에 대해 학습할 수 있다.
- 분산 결제 시스템인 블록체인에 대해 학습할 수 있다.

1. 4차 산업혁명

1) 산업혁명의 시대적 흐름

- 제1차 산업혁명

  가내 수공업에서 공장제 공업으로 생산노동의 패러다임이 변화되었다.

- 제2차 산업혁명

  전기를 이용한 대량 생산이 시작되었다.

- 제3차 산업혁명

  컴퓨터를 통한 자동화 시대가 시작되었다.

- 제4차 산업혁명

  사물인터넷을 통해 생산 기기와 생산품 간의 상호 소통체계를 구축하고 전 생산과정의 최적화를 구축한다. 생물학, 물리학, 디지털 등 영역 간의 기술 융합과 사물과 사람, 사물과 사물의 연결로 대량의 정보 공유가 가능한 네트워크 세상이다.

2) 4차 산업혁명의 핵심 기술들

- 빅데이터

  비정형성의 다양한 대용량의 정보를 바탕으로 정보를 추출하고 빠른 변화에 대응하기 위한 정보화 기술

- 인공지능

  인간의 학습능력과 추론 능력, 자연언어의 이해 능력 등을 컴퓨터 프로그램으로 실현한 기술

- 핀테크

  금융과 기술의 융합 서비스로 모바일, SNS, 빅데이터 등 IT 기술을 활용한 차별화된 금융 서비스

- 자율주행 자동차

  운전자의 조작 없이 컴퓨터 프로그램으로 움직이는 자동차이다.

- 3D 프린팅

  3차원의 사물을 3D프린터로 출력해서 실물로 만들어내는 기술이다.

  미국의 엔지니어 척 헐(Chuck Hull) 박사가 1986년 '입체인쇄술'로 특허를 출원했다.

  미국 타임지가 2012년 세계 최고의 발명품으로 선정했고 20년의 특허권이 만료되면서

  4차 산업혁명의 핵심으로 등장했다.

- 가상현실(Virtual Reality)

  컴퓨터 기술을 이용하여 특정 장소의 상황을 현실처럼 구현하는 기술

2. 가상현실

1) 가상현실의 개요

가상현실은 현실과 상상의 경계에서 디바이스의 조작으로 사용자와 상호작용이 가능한
시스템이다.

가상현실(Virtual reality)은 컴퓨터 등 인공기술로 만들어 낸 실제와 유사하지만 실제
가 아닌 환경, 상황 등을 의미한다.

최근 가상현실 산업이 급성장할 수 있었던 배경으로는 고해상도 디스플레이와 강력한
컴퓨팅 파워, 3D 센싱 등의 기술의 비약적 발전, 하드웨어 비용이 크게 낮아짐 등을 들
수 있다.

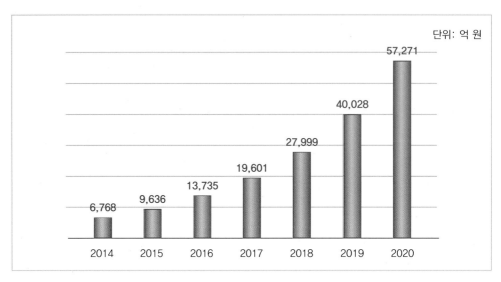

단위: 억 원

57,271

40,028

27,999

19,601

13,735

9,636

6,768

2014 2015 2016 2017 2018 2019 2020

❙ **국내 VR 시장 규모 전망**   출처: 과학기술정보통신부, 한국VR산업협1회, 2015

이러한 가상현실은 방송, 게임, 테마파크 등의 산업에 활용되고 있다.

한국 VR산업협회는 국내 가상현실 시장의 규모가 2016년 1조 원 돌파를 시작으로 2020년에는 5조 7,000여억 원에 이를 것으로 기대하고 있다. (인터넷백서 2017, p181)

그러나 여전히 VR기기 가격, 보급 문제, 사용자의 구토, 어지러움 등에 따른 비관론도 존재한다. 때문에 시장 정착까지 5년에서 10년 가까이 걸릴 수도 있다는 전망도 나온다.

2) 가상현실의 표준화

▮ 가상현실 기기의 호환성 부족

초기 가상현실 시장은 각 업체가 독립적으로 소프트웨어, 플랫폼 등을 개발하고 헤드셋이나 컨트롤러 등의 하드웨어를 직접 설계하였기에 상호 호환성이 부족했다.

이렇게 하드웨어 및 플랫폼의 호환성 부족은 VR 게임이나 응용 프로그램 개발을 더디게 하고 수익성 악화를 초래했다.

■ 오픈 VR(OpenXR)

많은 글로벌 VR 기업이 참여하여 표준화된 인터페이스와 하드웨어로 오픈XR(OpenXR)을 개발했다.

엔비디아는 오픈XR에서 제안한 새로운 VR 전용 단자인 '버추얼링크(Virtualink)'를 자사의 지포스RTX 시리스에 탑재했다.

이단자는 기존의 여러 개로 연결해야 하는 케이블을 하나로 통합했고 센서 데이터의 상호 전송 및 전원까지 해결해 향후 PC 헤드셋 연결의 복잡성을 제거했다.

| 글로벌 VR 기업

출처: 인터넷 백서, 2018

3) 국내 VR 동향

VR은 단순한 시청각 교육이 아닌 실제처럼 작동하는 시뮬레이션 훈련과 교육을 할 수 있어 산업 적용 가능성이 매우 높다.

실제 가상현실 기반 교육 및 훈련을 한 이후 비용 절감도 되지만 교육 성과를 높인다는 평가가 많아지면서 시뮬레이터 분야의 가상현실 가능성은 국내뿐 아니라 국외도 경쟁력을 높일 분야로 떠오르고 있다.

● 삼우 이머전

위험한 엘리베이터 정비 또는 고가 선박 디젤 엔진의 작동 상황을 가상현실에서 살피고 정하는 응용 프로그램을 개발했다.

- **토탈 소프트뱅크**

  항만 크레인을 조종할 수 있는 크레인 시뮬레이터와 용접 훈련용 시뮬레이터를 모두 VR로 구현해 국내외 교육기관에 판매했다.

- **스튜디오 코인**

  어린이가 지진이나 화재 같은 재난에 대비하거나 소화기 사용법을 훈련할 수 있는 콘텐츠를 개발했다.

4) CES(IT/소비자 전자제품박람회)

CES

CES는 International Consumer Electronics Show의 약자로 '소비자 전자제품박람회'이다.

1967년 뉴욕에서 처음 시작되어 매년 열리고 있다.

전시되는 품목은 스마트폰, 게임콘솔, 스마트TV, 홈네트워크 등 IT/소비재 전자제품이다.

매년 업그레이드되는 전자산업을 대표하고 트렌트 및 신기술을 한눈에 파악할 수 있다.

CES 2020은 Consumer Technology Association(CTA) 주최로 미국 라스베이거스에서 열렸다.

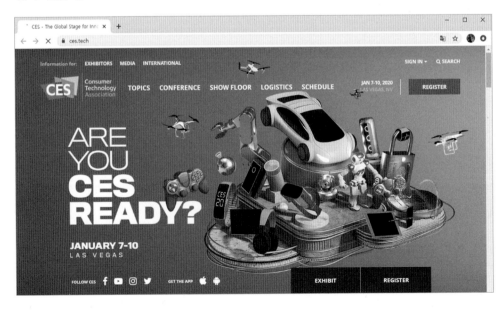

CES2020의 주요 토픽은 5G, 스마트시티, 자율주행차, 디지털 헬스, 스마트홈, 가상현실, 인공지능, 드론, 로봇 등이다.

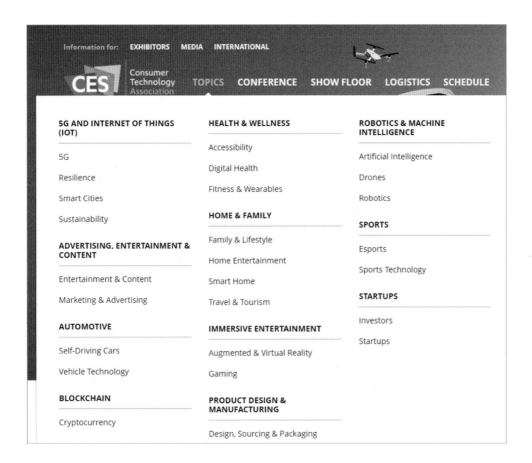

■ '인도어 AR 플랫폼'

CJ CGV 자회사인 4DPLEX가 '인도어 AR 플랫폼'을 선보였다.

4DPLEX는 4DX, 스크린X, 4DX Screen 등 독보적인 영화 상영 기술을 개발 · 운영하는 플랫폼 사업자이다.

'인도어(Indoor) AR 플랫폼'은 모바일 4DX AR RPG(Role-Playing Game)로 한 차원 진보된 AR 기술이다.

인도어 AR 플랫폼은 고가의 AR 글래스를 착용해야만 가능했던 정확한 실내 공간 · 위치 인식을 스마트폰에 구현했다.

■ Jump AR 아쿠아월드

'Jump AR 아쿠아월드'는 SKT의 인터랙티브 시네마틱 AR 렌더링(Interactive Cinematic AR Rendering) 즉, 실제 공간과 가상 환경을 합성해 가상 공간과 상호작용하는 기술을 활용해 사용자들이 마치 물속에 있는 듯 느낄 수 있고 다양한 물속 AR 캐릭터와 함께 물속에서 노는 자신의 모습을 스크린에서 볼 수 있다.

(출처: https://www.sktelecom.com/en/press/press_detail.do?idx=1434)

* 전 세계적으로 AR, VR 기술은 여전히 장애가 많다. VR의 경우 HMD를 착용하는 불편함, 비싼 가격으로 대중화가 어렵다. 구글이나 애플, 페이스북 등도 개발을 중단하거나 출시를 연기했다.

3. 인공지능(artificial intelligence)

얼마 전까지만 해도 인공지능은 공상과학 영화에서나 접할 수 있는 현실과 동떨어진 기술이었으나 2016년부터 인공지능이 실제 우리가 사용하는 생활 서비스에 들어오기 시작했는데 그 계기가 된 것이 '알파고와 이세돌9단의 대결'이라 볼 수 있다.

1995년 컴퓨터 과학자 존 멕카시가 처음으로 인공지능을 언급했고 인간의 학습 능력과 추론 능력, 자연언어의 이해 능력 등을 컴퓨터 프로그램으로 실현한 기술이라 했다.

인공지능은 일반적으로 '인간처럼 이성을 가진 듯 행동하게 하는 체계'로 간주한다. 그러나 인간의 일부 능력을 모사할 뿐 인간의 사고 체계를 그대로 따라 할 수 있는 기술은 아직 존재하지 않는다.

1) 지능정보사회윤리헌장

한국정보화진흥원과 과학기술정보통신부와 공동으로 2016년부터 인공지능을 포함한 미래 지능정보사회에서 고민해야 할 윤리적인 문제에 관한 논의를 하였고 2018년 윤리적 가이드라인을 제시하였다.

지능정보사회 윤리헌장

1 지능정보사회는 인간의 존엄과 안전을 지키고 인류의 보편적 가치를 실현하는 방향으로 발전해야 한다.

2 지능정보사회에서 이루어지는 성과와 혜택은 소수에게 편중되기 보다는 모두에게 공유되어야 한다.

3 기능정보사회에서 기술, 제품 및 서비스를 개발·공급하는 경우, 오동작과 위험상태에 대한 제어기능을 제공해야 하고 그 사회적 책임을 다해야 한다.

4 지능정보기술을 활용하여 이루어지는 자동화된 결정과 처리과정은 필요시 설명가능해야 하고, 사회적 편견과 차별 및 숨겨진 기능이 없어야 한다.

5 지능정보사회의 가치를 논의하고 문제를 해결하기 위하여 우리는 공론의 장에 참여하여 열린 마음으로 협의하는 문화를 조성해야 한다.

6 지능정보사회의 지속가능한 발전을 위하여 우리는 사회변화에 따른 디지털 시민성을 갖추고 역량을 강화하도록 노력해야 한다.

2018년 6월

출처: 과학기술정보통신부, 2018

2) 인공지능 제품 동향

알파고 이후 인공지능 기술을 접목시킨 제품이 출시되기 시작했다.

인공신경망 기술이 반영된 자동 번역 기술

온라인 쇼핑몰에서 24시간 서비스되는 인공지능 챗봇

제목없이도 '해변가' 같은 특정 키워드로 사진을 분류해주는 서비스

아마존의 인공지능 스피커 '에코'

구글의 '구글홈'이라는 인공지능 스피커

SK텔레콤의 '누구(NUGU)', KT의 '기가지니' 카카오미니, 네이버 클로버 등 다양하다.

3) 인공지능 플랫폼

인공지능 플랫폼(AI Platform)은 '음성인식', '자연어 처리', '시각인식' 등의 인공지능 기술을 바탕으로 하는 클라우드 컴퓨팅 플랫폼이다.

인공지능 스피커는 사용자와 인공지능 서비스의 매개체 역할을 하는 것으로 사용자의 명령을 인식하고 처리한 결과를 들려주는 역할을 한다.

반면 인공지능 플랫폼은 인공지능 스피커와는 다르게 사용자의 요구사항을 처리해주는 곳이다.

(1) 인공지능 플랫폼 동향

알렉사(Alexa)

라스베이거스에서 열린 CES2017(국제전자제품박람회)에서 아마존의 인공지능 기술 '알렉사'를 탑재한 제품들이 대거 쏟아졌다.

알렉사는 아마존이 만든 클라우드 기반 음성인식 기술로 외부 개발자들이 자신의 하드웨어나 서비스에 알렉사를 탑재할 수 있도록 알렉사키트를 제공하고 있다.

아마존은 자신들의 알렉사를 외부업체가 이용하는 대신 반드시 자신의 아마존웹서비스와 서버리스 컴퓨팅 서비스인 람다(Lamda)를 이용하도록 하고 있다.

삼성전자, LG전자, 레노버, 월풀 등 글로벌 전자기업이 아마존의 '알렉사'를 탑재한 제품들—세탁기, 청소기, 조명, 공기청정기—을 출시했다.

LG전자는 구글 '어시스턴트'를 탑재한 이후 계속해서 '알렉사(Alexa)'를 연동해 '스마트 씽큐'를 탄생시켰다.

LG전자는 'CES2019'에서 LG전자에서 자체 개발한 AI 프로세서인 '알파9 2세대'를 탑재한 '8K 올레드 TV'를 선보였다. 이 TV는 공간의 밝기를 스스로 감지해 화면 밝기를 조절하고 2채널 음원도 가상의 5.1 채널사운드로 변환해준다.

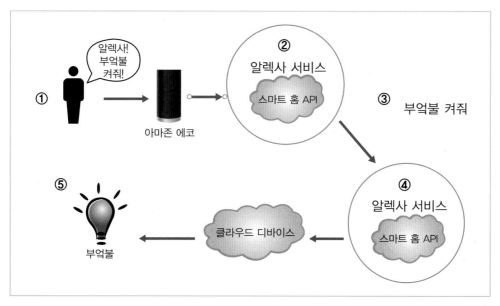

▌ 알렉사 플랫폼의 원리   출처: developer. amazon.com (재구성)

(2) 기타 인공지능 산업 동향

- 구글 어시스턴트

  구글의 인공지능 비서인 '구글 어시스턴트'는 2016년에 '액션 온 구글'이라는 이름으로 API가 공개되었다.

- 마이크로소프트도 2016년 '코타나'를 개발했고 이를 탑재한 인공지능 스피커 '인보크'가 나왔다.

- 알리바바는 2017년 AI 스피커 '티몰지니'를 출시했다.

- 삼성전자는 2016년 인공지능 플랫폼 개발회사인 '비브 랩스'를 인수하고 갤럭시 S8
  에서 인공지능 음성 비서 빅스비를 출시했다.

- 카카오는 2017년 AI 스피커 '카카오미니'를 출시했다.

4) 인공지능의 오픈소스화

알파고를 개발한 구글의 딥마인드는 딥마인드랩(DeepMine Lab)을 오픈소스로 공개
했다.

페이스북은 딥러닝 소프트웨어 모듈과 딥러닝 연산에 최적화된 하드웨어의 설계도 공
개했다.

마이크로소프트는 딥러닝 기반의 소스들을 모두 오픈소스로 공개했다.

아이비엠도 머신러닝 플랫폼 시스템ML을 오픈소스로 공개했고 넷플릭스(Nerflix)의
영화 DB의 영화 추천 기능에 적용되었다.

오픈소스는 웹 2.0 시대의 큰 특징 중의 하나이다.

이러한 딥러닝 기술을 오픈함으로서 대기업부터 스타트업까지 누구라도 제약없이 인공
지능 서비스를 만들 수 있게 되었다.

이들이 앞 다투어 소스를 오픈하는 이유 중 하나는 인공지능을 구현하는 데 딥러닝 기
술보다 데이터가 더 중요하다는 것을 시사하고 있다. (인터넷백서 2017, p34)

수학에서 함수에 어떤 인수 값이 들어가느냐에 따라 그 함수의 결과 값이 달라지는 것
과 같은 이치이다.

또한 오픈소스를 이용하면서 어쩔 수 없이 소스를 제공한 회사의 인프라를 사용하도록
하면서 부수적인 부가가치를 올릴 수 있다.

5) 국가별 AI 동향

AI 시장 규모는 가파르게 상승하고 있다.

시장조사업체 IDC에 따르면 2016년 80억 달러인 AI 시장이 2017년 125억 달러, 그리고 2022년에는 1,132억 달러로 2016년부터 5년간 AI의 연 평균 성장률은 55.5%에 달한다.

다른 시장조사기관인 트랙티카의 자료에서 전 세계 인공지능 시장 매출액을 참고해보면 트랙티카는 세계 AI 사장 규모가 2025년에는 3,680억 달러로 증가할 것이라 예측했다.

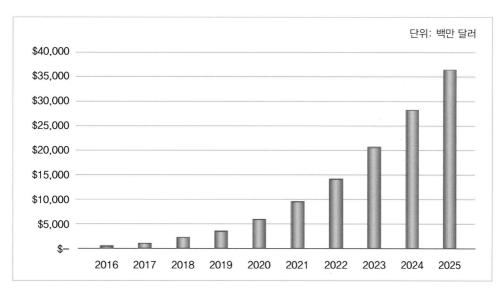

❚ 전 세계 인공지능 시장 매출액(2016~2025)　　출처: Tractica; 인터넷백서 2017, p177

AI 시장의 지역별 매출 현황을 보면 북미 지역에 집중되어 있는데 이는 AI 분야의 세계적인 학자와 기업이 이곳에 포진해있는 이유이기도 하다.

| AI 시장의 지역별 매출 현황 및 전망

단위: 백만 달러

지역	2016	2020*	2021*
북미	1,408.1	7,910.9	12,010.5
유럽	716.5	4,018.5	6,055.7
아시아, 태평양	911.7	4,259.6	6,311.8
중남미	113.2	701.4	1,054.7
중동, 아프리카	72.3	377.5	562.9

*e: 추정치   출처: Statista, 2018

이러한 AI 시장의 지역적 편차가 실질적으로 세계 경제에 영향을 미칠 것으로 예측하고 있다.

매켄지글로벌연구소는 2018년 9월 5일 발표한 '인공지능이 세계 경제에 미칠 영향'이라는 보고서에서 AI 기술 리더 그룹인 선진국은 AI의 활용으로 2030년까지 현재와 비교해 국내총생산(GDP)이 20~25% 상승할 것으로 기대하는 것에 반해, 상대적으로 AI 기술에서 열위인 개발도상국은 같은 기간 GDP 상승폭이 5~15%에 머물 것으로 예상했다. (인터넷 백서, 2018, p156)

4. 블록체인

블록체인이란 데이터를 거래할 때 중앙집중형 서버에 기록을 보관하는 방식과는 달리 거래 참가자 모두에게 내용을 공개하는 방식의 분산원장기술(Distributed Ledger Technology, DLT)을 의미한다.

분산원장은 인터넷에서 서로 알지 못하는 다수의 상대방과 거래를 할 때 공인된 제3자 기관(Trusted Third Party, TTP)의 개입 없이 서로 신뢰할 수 있도록 만들어주는 탈 중앙화된 정보공유 저장기술(Decentralized Shared-information Storing Technology)이다. (인터넷백서 2017, p44)

즉 신뢰 확보를 위한 제3의 중개자 개입 없이도 안심하고 개인 간(Peer to Peer) 주고받을 수 있는 디지털 화폐가 비트코인이고 이를 가능하게 하는 기술이 바로 블록체인이다.

블록체인은 기존 정보 인터넷이 가진 프라이버시와 신뢰의 문제, 거대한 플랫폼 집중화 및 보안의 문제를 해결함으로써 제2의 인터넷으로 여겨진다.

블록체인을 구성하는 각 블록은 헤더(Header)와 바디(Body)로 구성되어 10분에 한 번씩 만들어지고 이러한 블록이 사슬처럼 엮여 있다고 해서 '블록체인'이라고 한다.

1) 블록체인의 유형

● 퍼블릭 블록체인

　공개형으로 누구나 참여할 수 있다.

　대신 검증되지 않은 사용자가 참여하므로 고도화된 암호화 검증이 필요하고 속도가 느리다.

● 프라이빗 블록체인

　사용자가 원하는 대로 커스터마이징할 수 있어 금융 거래에 적합하다.

　처리 속도도 빠르고 네트워크 확장이 용이하다.

　소유자가 블록체인을 생성하고 관리하므로 소유자가 블록체인을 중앙시스템처럼 관리할 수 있다.

● 컨소시엄 블록체인

　퍼블릭 블록체인과 프라이빗 블록체인의 중간 형태로 반 중앙형 블록체인이라 할 수 있다.

　미리 선정된 소수의 주체들만 참여가 가능하여 네트워크 확장도 용이하고 거래 속도도 빠르다.

2) 블록체인의 장점

네트워크 내의 모든 참여자가 거래 정보를 기록, 보관하는 분산형 방식으로 공인된 제 3자 없이 P2P 거래를 하므로 불필요한 수수료가 절감된다.

오픈소스로 쉽게 구축, 연결, 확장이 가능해 IT 구축비용이 절감된다.

장부를 공동으로 소유하므로 무결성을 유지하므로 보안 관련 비용을 절감할 수 있다.

일부의 시스템 오류가 전체 네트워크에 미치는 영향이 적다.

3) 블록체인의 단점

문제 발생 시 책임 소재 불분명하다.

거래 내역이 공개되어 완벽한 익명성 보장이 어렵다.

개인키의 분실로 인한 기밀성이 제공되지 않는다.

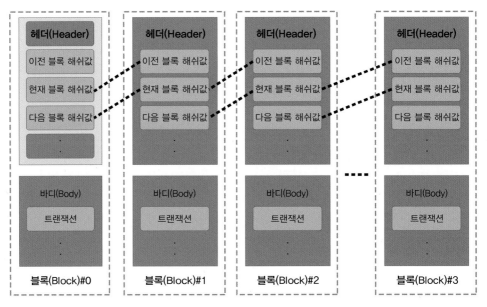

출처: 금융보안원. 블록체인 및 비트코인 보안 기술. 2015 (재구성)

4) 블록체인의 패러다임

블록체인 1.0은 디지털 통화의 발행, 유통, 거래가 주 기능이었다.

블록체인 2.0 블록체인 기반에서의 부동산 계약, 온라인 투표 등 다양한 애플리케이션을 개발하고 있다.

블록체인 기술은 해외에서도 새로운 형태의 혁신 가능성이 높아 정부 측면에서 전자시민권 발급, 부동산 정보 기록, 투표, 공공 데이터 등의 공공서비스에 블록체인 기술 도입을 적극 검토 중이다.

5) 블록체인의 재해석 (인터넷 백서, 2018, p126)

블록체인은 개개인이 중개자 없이 믿고 가치를 전할 수 있는 기술적 혁신뿐만 아니라, 이를 기반으로 탈중앙 자율 조직을 만들 수 있는 경제 및 거버넌스 시스템을 제공한다.

개인 간 가치를 믿고 주고받을 수 있는 네트워크인 블록체인은 개인 중심 경제 모델이라는 공유경제의 정의와도 통한다.

블록체인의 등장으로 공유경제가 새로이 재조명된다.

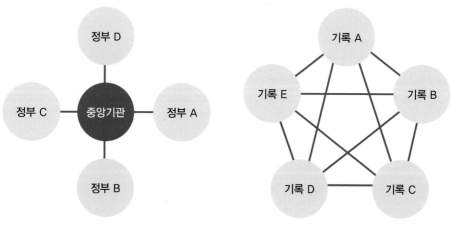

중앙식 장부
각자의 기록을 중앙기관에서만 관리함

분산식 장부
A, B, C, D, E 모두 같은 기록을 공유함

출처: 인터넷백서, 2017 (재구성)

첫째, 개개인이 생산하는 경제 가치를 쉽게 거래할 수 있다. 이에 더 많은 사람이 공유경제에 참여할 수 있어 공유경제 범위와 규모를 극적으로 확대할 수 있다.

둘째, 기존 화폐로 전환할 수 있는 가치뿐만 아니라 소셜 데이터나 활동 및 다양한 자산 등을 토큰화해 거래가 가능해짐으로써 개인의 공유가치 창출 대상이 넓어진다.

셋째, 이전과는 비교하지 못할 만큼 다양한 공유가치를 개개인이 만들고 글로벌 누구와도 거래할 수 있어 부가가치가 증폭한다.

넷째, 블록체인을 기반으로 제3자 개입이 필요 없는 탈중앙화 자율형 조직 구성이 가능해짐으로써 참여자가 주인이고 참여자가 만든 가치가 커뮤니티에서 증폭되어 공유한다. 따라서 공유경제 참여자의 이익이 커지고 보상에 따른 참여를 더욱 활성화한다.

다섯째, 현재의 플랫폼 조합주의적인 공유경제가 플랫폼이 없는 탈중앙 조합주의로 실현할 수 있어 기존 공유경제 시장의 판도가 급격하게 바뀔 수 있다.

* 중앙집권식 공유경제와 탈중앙 공유경제의 비교

항목	중앙집권식 공유경제	탈중앙 공유경제
주인	기업(예: 우버, 에어비앤비)	참여자(호스트/마이크로프레뉴어, 게스트)
구축 비용 조달	투자자(벤처캐피탈)	ICO(Initial Coin Offering) 및 토큰이코노미
성격	비즈니스	커뮤니티
운영 방식	기업의 이사회 및 임원	커뮤니티 자율운영
수수료	15%~30%	0%
참여자 보상	제한적(숙소 확보, 초대)	참여 가치에 따른 큰 경제적 보상
창출 가치 수혜자	1. 투자자 2. 기업설립자, 직원	1. 참여자(호스트/게스트) 2. 프로젝트 추진 팀 및 어드바이저 3. 초기 투자자

출처: Wehome, Home Sharing on Blockchain, 2018, 인터넷 백서, 2018, p128

* 마이크로프레뉴어(Micropreneur)

초미니 사업가: micro-와 entrepreneur의 합성어

Entrepreneur: 영리를 목적으로 기업에 자본을 제공하고 경영하는 사람 또는 위험을 감수하면서도 비전, 추진력, 창의성 등을 이용해 기존에 없었던 새롭고 혁신적인 가치를 만들어내는 자 (지식백과)

학습정리

1. **4차 산업혁명의 핵심 기술**

   빅데이터

   인공지능

   핀테크

   자율주행 자동차

   3D 프린팅

   가상현실

2. **가상현실**

   가상현실은 현실과 상상의 경계에서 디바이스의 조작으로 사용자와 상호작용이 가능한 시스템으로 컴퓨터 등 인공기술로 만들어 낸 실제와 유사하지만 실제가 아닌 환경, 상황 등을 의미한다.

3. **오픈 VR(OpenXR)**

   많은 글로벌 VR 기업이 참여하여 표준화된 인터페이스와 하드웨어로 오픈XR(OpenXR)을 개발했다.

   오픈XR에서 제안한 새로운 VR 전용 단자인 '버추얼링크'(Virtualink)는 기존의 여러 개로 연결해야 하는 케이블을 하나로 통합했다.

4. 인공지능 플랫폼

인공지능 플랫폼(AI Platform)은 '음성인식', '자연어 처리', '시각인식' 등의 인공지능 기술을 바탕으로 하는 클라우드 컴퓨팅 플랫폼으로 인공지능 스피커는 사용자의 명령을 인식하고 처리한 결과를 들려주는 역할을 한다.

인공지능 기술의 오픈소스화 – 소스를 제공한 회사의 인프라를 사용하도록 하면서 부수적인 부가가치를 올릴 수 있다.

5. 블록체인

거래 참가자 모두에게 내용을 공개하는 방식의 분산 원장 기술

구축 비용, 보안 관련 비용의 감소

퍼블릭 블록체인 – 공개형으로 누구나 참여할 수 있다.

프라이빗 블록체인 – 사용자가 원하는 대로 커스터마이징할 수 있다.

컨소시엄 블록체인 – 퍼블릭 블록체인과 프라이빗 블록체인의 중간 형태로 반 중앙형 블록체인이라 할 수 있다.

학습평가문제

1. 블록체인에 대한 설명이 바르지 못한 것은 무엇인가?

   ① 공인된 제3자 기관(Trusted Third Party, TTP)의 개입 없이 서로 신뢰

   ② 중앙집중형 서버에 기록을 보관하는 방식

   ③ 블록은 헤더(Header)와 바디(Body)로 구성

   ④ 누구나 참여할 수 있는 퍼블릭 블록체인도 있다.

2. 다음 중 기술의 종류가 다른 하나는 무엇인가?

   ① 코타나   ② 구글 어시스턴트   ③ 알렉사   ④ VR One

3. 가상현실에 대한 설명 중 바르지 못한 것은?

   ① 항공기 조종, 원격 위성 탐사 등에 응용된다.

   ② 최근의 가상현실 기기들은 대부분 PC와 연동된다.

   ③ '기어VR'이나 LG의 'G3 VR' 등은 가상 체험의 한 예라 볼 수 있다.

   ④ 인간과 컴퓨터 사이의 인터페이스이다.

4. 다음 중 블록체인의 특징을 설명한 것이다. 블록체인의 종류가 다른 하나는 무엇인가?

   ① P2P 거래를 하므로 불필요한 수수료가 절감된다.

   ② 오픈소스로 쉽게 구축된다.

   ③ 장부를 공동으로 소유하므로 무결성을 유지한다.

   ④ 소유자가 블록체인을 중앙시스템처럼 관리할 수 있다.

5. 다음 블록체인의 종류 중에서 사용자가 원하는 대로 커스터마이징할 수 있어 금융 거래에 적합하고 처리 속도도 빠르고 네트워크 확장이 용이한 블록체인의 종류는 무엇인가?

① 프라이빗 블록체인

② 퍼블릭 블록체인

③ 컨소시엄 블록체인

④ 중앙집중형 블록체인

6. 4차 산업혁명의 핵심 기술에 대한 설명이 틀린 것은 무엇인가?

① 빅데이터 – 정형성의 다양한 대용량의 정보를 바탕으로 한 정보화 기술

② 인공지능 – 인간의 학습능력과 추론 능력, 자연언어의 이해 능력 등을 컴퓨터 프로그램으로 실현한 기술

③ 핀테크 – 금융과 기술의 융합 서비스로 IT 기술을 활용한 차별화된 금융 서비스

④ 3D 프린팅 – 3차원의 사물을 3D프린터로 출력해서 실물로 만들어내는 기술

7. 다음 중 가상현실 기술이 발전할 수 있었던 배경과 관련 없는 내용은 무엇인가?

① 인간의 학습능력과 추론 능력을 컴퓨터 프로그램으로 실현

② 고해상도 디스플레이와 강력한 컴퓨팅 파워 기술의 발달

③ 3D 센싱 등의 기술의 비약적 발전

④ 가상현실 하드웨어 비용이 크게 낮아짐

8. 다음 중 4차 산업혁명 시대의 핵심 기술이라 볼 수 없는 것은?

① 빅데이터

② 인공지능

③ 블루투스

④ 자율주행 자동차

⑤ 3D 프린팅

9. 다음 중 나열된 보기 중 핵심 기술이 다른 하나는 무엇인가?

① 인보크

② 코타나

③ 액션 온 구글

④ 알렉사

10. 블록체인의 등장으로 공유경제가 새로이 재조명되고 있다. 탈중앙집권식 공유경제의 특징과 거리가 먼 것은 무엇인가?

① 공유경제의 성격이 커뮤니티적이다.

② 운영 방식은 자율적으로 운영된다.

③ 참여 가치에 따른 경제적 보상이 제한적이다.

④ 공유경제의 주인은 참여자이다.

정답

1. ②　2. ④　3. ②　4. ④　5. ①　6. ①　7. ①　8. ③
9. ① (해설: 인보크는 인공지능 플랫폼이 아니라 마이크로소프트에서 개발한 인공지능 스피커이다.)　10. ③

웹오피스의 활용

학습목표

- 클라우드 서비스의 일환으로 소프트웨어를 구매하지 않아도 웹 사이트에서 문서 편집을 할 수 있는 웹 소프트웨어 서비스에 대해서 학습할 수 있다.
- 무료로 서비스되고 있는 네이버 웹 워드, 셀, 슬라이드 등을 실습해 볼 수 있다.

1. 웹오피스의 개요

웹오피스에서 문서를 편집한 후에는 구글은 구글 드라이버, 네이버는 네이버 드라이브, MS는 원드라이브 등 각각 자체 클라우드 스토리지를 기본 저장소로 사용한다.

작성한 문서 파일은 클라우드 저장소에 저장되고 내PC에 내려받거나 USB 메모리에 저장하지 않아도 된다.

▌ 웹오피스의 단점

인터넷 연결이 끊겼을 때 문서 편집을 계속할 수가 없다.

오피스 전용 프로그램을 사용할 때보다 약간의 글꼴, 단락의 호환성의 문제, 스마트아트, 마스터 등의 기능이 지원되지 않는 문제가 있다.

네트워크 환경에 따라 이미지나 애니메이션, 화면전환 효과를 설정 시 시간이 다소 지연될 수 있다.

2. 네이버 워드 실습하기

1) 개요

네이버 웹오피스를 사용하기 위해서는 반드시 네이버에서 로그인을 해야 한다.

로그인 후 [더보기] – [오피스]로 가거나 http://office.naver.com/에 접속한다.

네이버 워드의 기본 포맷은 .ndoc이다.

외부 포맷 중에서는 .doc, .docx, .html, .txt 파일 포맷을 읽을 수 있으며 편집, 저장도 가능하다.

단, 네이버 워드에서는 편집 시 이러한 다른 외부 포맷들은 무조건 네이버 워드 포맷(.ndoc)으로 변환한 상태에서 편집을 하기 때문에 변환하여 저장한 후 글꼴이나 단락 간격 등이 완벽하게 호환되지 않을 수 있다.

2) 네이버 워드 새문서 열기

네이버 오피스홈에서 좌측 메뉴 상단의 '새문서' 클릭 후 '네이버 워드'를 선택하거나 우측에서 워드를 선택하고 사용하고 싶은 템플릿을 선택한다.

3) 네이버 워드 문서 저장하기

네이버에서 작성한 워드 문서를 다른 형식으로 변환하여 네이버 드라이브나 PC에 저장할 수 있다.

❶ 네이버 워드 문서 포맷은 .ndoc이므로 다른 형식으로 저장하려면 [파일] – [다른 이름으로의 저장]에서 한다.

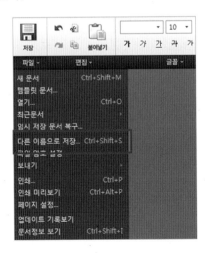

❷ 파일 형식에서 MS Word(.doc), HTML, 텍스트(.txt), PDF(.pdf) 형식으로 변환
하여 저장할 수 있다.

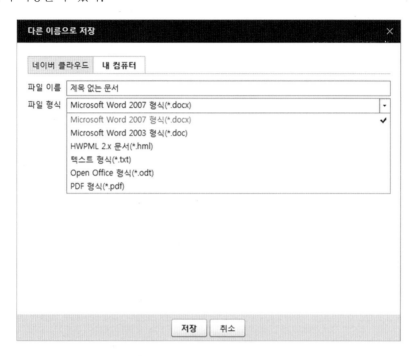

4) 네이버 워드 문서 편집

█ [글꼴/단락]

네이버 워드에서는 다른 외부 포맷들을 네이버 워드 포맷(.ndoc)으로 변환한 후 편집
을 하므로 글꼴이나 단락 간격 등이 완벽하게 호환되지 않을 수 있다.

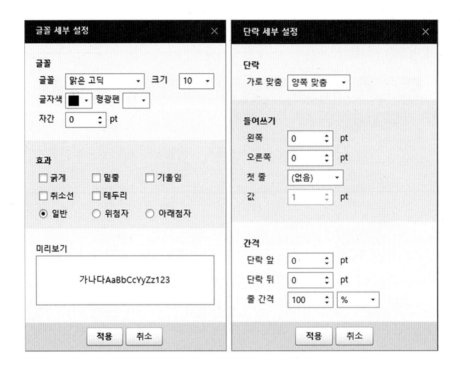

▮ [삽입]

❶ 이미지 삽입 시 '캡처이미지 삽입'이 있어 캡처하고 바로 문서에 삽입되는 특징이
있다.

[삽입] - [도형]을 클릭하면 '클립아트', 도형 텍스트 입력, 도형 외에 이미지도 추가
할 수 있다.

가로, 세로 눈금선을 조절하여 본문에 입력될 이미지 영역을 조절할 수 있다.

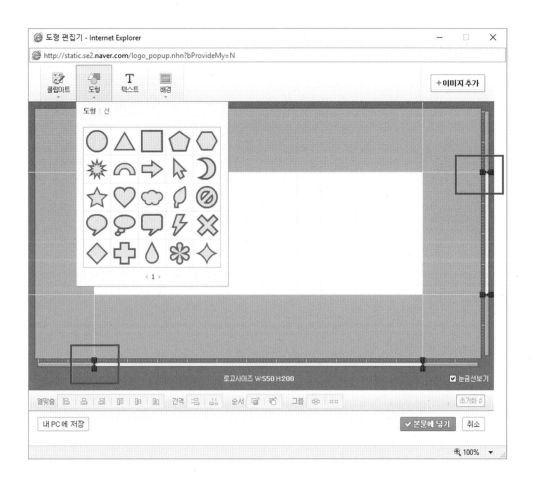

❷ 네이버 지도에 표식을 달고 문서에 첨부할 수도 있다.

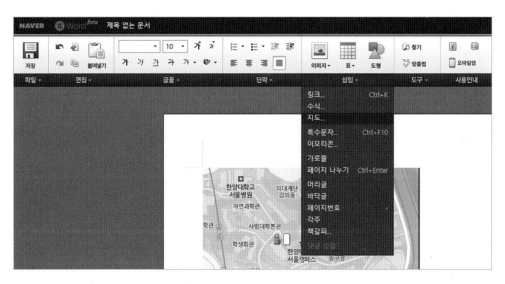

3. 네이버 셀

1) 네이버 셀 새문서 열기

엑셀의 .xls, .xlsx 등의 파일을 네이버 셀에서 열면 '네이버 셀' 포맷인 .nxls 파일로 변환되어 문서가 열리고 .nxls 포맷 상태에서 편집된다.

편집한 후 다시 .xls .xlsx .nxls 등의 파일 포맷으로 저장할 수 있다.

오피스홈에서 좌측 메뉴 상단의 '새문서' 클릭 후 '네이버 셀'을 선택하거나 우측에서 '셀'을 선택하고 사용하고 싶은 템플릿을 선택한다.

2) 네이버 셀 문서 편집하기

■ [표시형식]에 셀 안의 표시 형식들을 바꿀 수 있는 다양한 서식들이 있다.

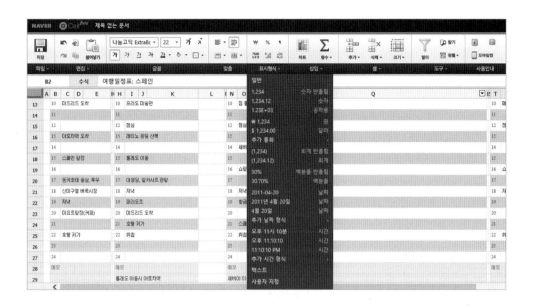

[표시형식]에서 날짜/시간 형식, 통화 형식, 백분율 형식 등을 표시할 수 있다.

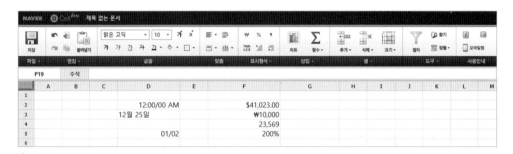

마이크로소프트 엑셀과 같은 방식으로 함수들을 이용하여 계산할 수 있다.

❶ [삽입] - [함수]를 클릭한다.

자동합계, 최대값, 최소값, 숫자 개수, 평균 등의 함수를 바로 클릭해서 사용할 수 있다.

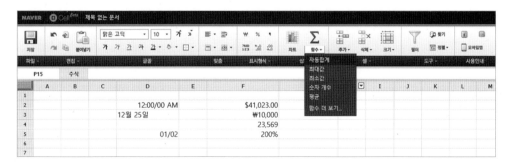

❷ [삽입] – [함수] – [함수 더보기]를 클릭하면 더 많은 함수를 사용할 수 있다.
수학/삼각 함수, 통계함수, 날짜/시간 함수, 논리 함수, 찾기/참조 함수 등 다양한
함수를 마이크로소프트 엑셀에서처럼 똑같이 사용할 수 있다.

데이터 정렬하기

[도구] – [정렬]에서 '오름차순', '내림차순' 및 '사용자 지정 정렬' 방식으로 데이터를 정
렬할 수 있다.

■ 데이터 필터링하기

[도구] – [필터]에서 자동 필터 기능을 사용하여 데이터를 필터링할 수 있다.

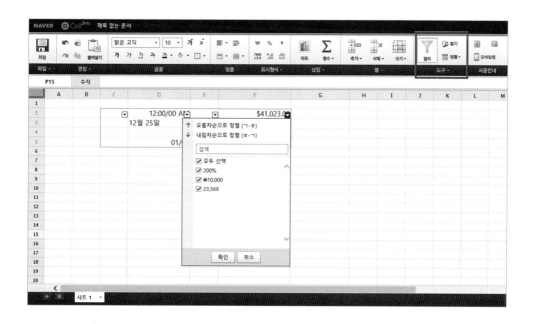

■ 차트 삽입하기

❶ 워크시트에 먼저 데이터를 입력한 후 차트를 만들려는 데이터 범위를 블럭으로 설
정한 다음 [삽입] – [차트]를 클릭한다.

❷ [삽입] – [차트] – [차트 만들기]에서 '차트 종류'를 선택할 수 있다.

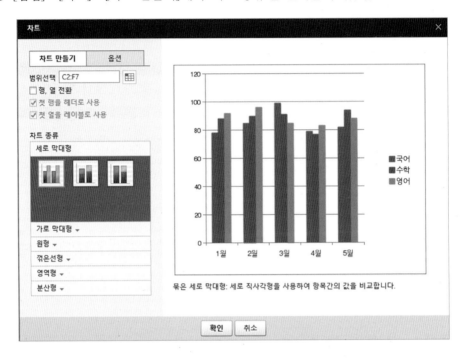

❸ [삽입] – [차트] – [옵션]에서 '축 제목', '데이터 레이블', '범례' 등을 편집할 수 있다.

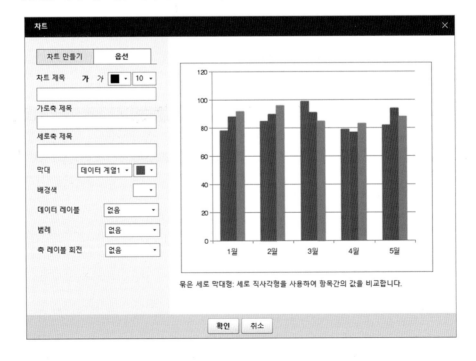

❹ 차트가 완성이 되었고 차트의 위치는 마우스로 드래그하면서 이동이 가능하다.

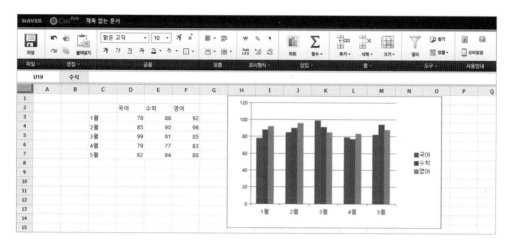

3) 네이버 셀 저장하기

저장을 하면 .nxls 네이버 셀 포맷으로 저장된다.

'다른형식으로 저장'을 이용하면 .xlsx 포맷으로 변환하여 저장할 수 있다.

■ 네이버 셀에서 지원되지 않는 기능

피벗테이블, 부분합 등의 기능은 사용할 수 없다.

4. 네이버 슬라이드

1) 네이버 슬라이드 새문서 열기

오피스홈에서 좌측 메뉴 상단의 '새문서' 클릭 후 '네이버 슬라이드'를 선택하거나 우측
에서 슬라이드를 선택한 후 사용하고 싶은 템플릿을 선택한다.

2) 네이버 슬라이드 문서 편집하기

▌ 슬라이드 추가

다양한 형태의 레이아웃별로 슬라이드를 삽입할 수 있다.

[슬라이드] – [추가] – [테마 종류]에서 다양한 슬라이드 레이아웃을 선택할 수 있다.

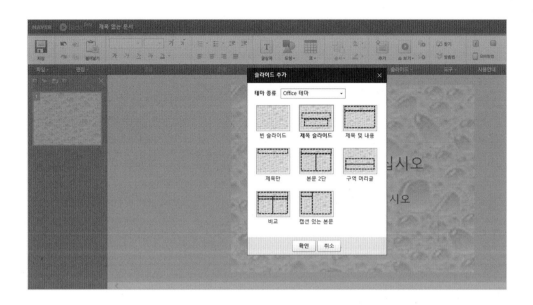

■ 슬라이드 테마 선택

❶ [슬라이드] – [테마선택]에서 테마 선택을 할 수 있다.

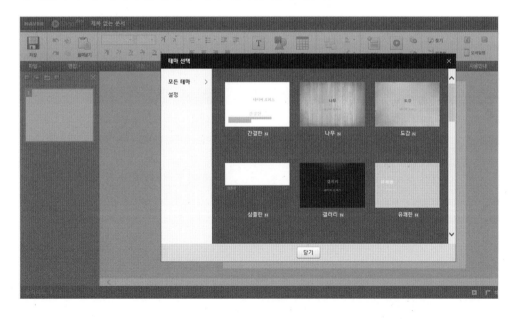

❷ [슬라이드] - [테마 설정]에서 배경색 및 배경 그림 등을 삽입할 수 있다.

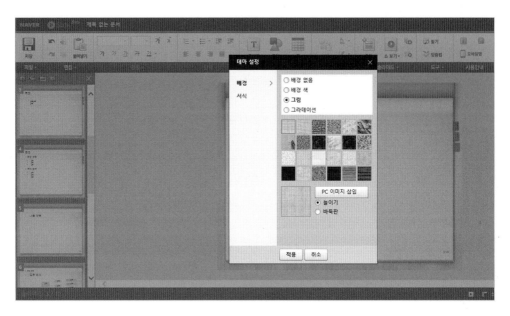

📗 도형 삽입

[삽입] - [도형]에서 도형을 선택할 수 있다. 네이버 슬라이드에서는 네이버 워드보다 훨씬 더 많은 도형 삽입이 가능하다.

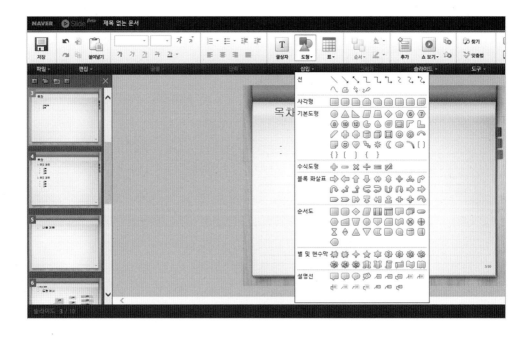

▣ 이미지, 동영상, 지도, 클립아트, 슬라이드 번호 삽입

[삽입]에서 네이버 워드에서와 똑같이 이미지, 동영상 외에 캡처한 이미지, 검색한 네이버 지도, 슬라이드 번호 등을 바로 삽입할 수 있다.

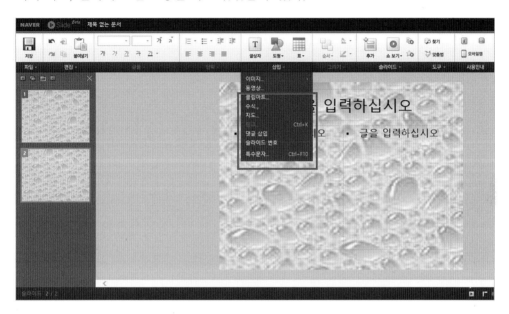

▣ 슬라이드 쇼 재생

❶ [슬라이드] – [쇼 보기]에서 슬라이드 쇼도 가능하다.

■ 화면전환효과

[슬라이드] – [화면전환효과]에서 슬라이드에 '화면전환효과'를 줄 수 있다.

화면전환효과의 종류, 전환 시간 등을 선택할 수 있다.

■ 애니메이션 효과

❶ 애니메이션 효과를 주기 위해서는 먼저 애니메이션 효과를 줄 객체를 선택해야 한다. 객체를 선택한 후 마우스 오른쪽 버튼을 클릭하여 나타난 팝업 메뉴에서 [애니메이션 추가]를 클릭한다.

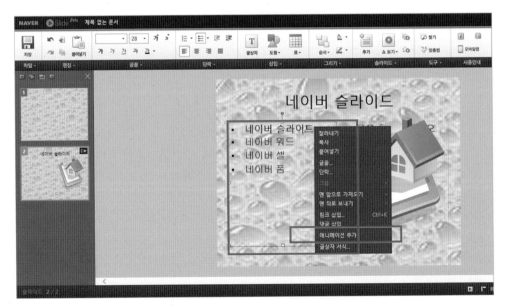

❷ 오른쪽에 생성된 [애니메이션 효과] 박스에서 애니메이션 효과를 줄 수 있다.
나타내기, 사라지기, 확대하기, 축소하기, 날아오기 등 다양한 효과가 있다.

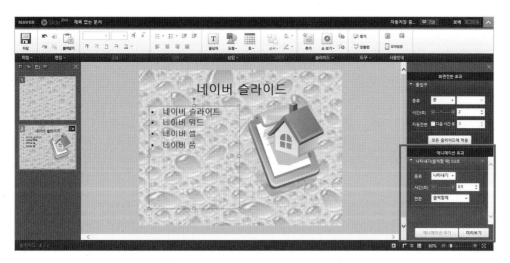

3) 네이버 슬라이드 저장하기

네이버 슬라이드에서는 .nppt 외에 ppt, pptx 또는 pdf로 변환하여 저장할 수 있다.

■ 네이버 슬라이드에서 지원되지 않은 작업

차트, 워드아트, 스마트아트, 마스터 기능은 지원되지 않는다.